危机沟通
危机下的管理、应对与复原力构建
CRISIS COMMUNICATION STRATEGIES
How to Prepare in Advance,
Respond Effectively and Recover in Full

［英］阿曼达·科尔曼（Amanda Coleman） 著

邓竹箐 戴治国 译

中国科学技术出版社
·北 京·

Crisis Communication Strategies by Amanda Coleman/ISBN：9781789662900
Copyright© Amanda Coleman，2020
All Rights Reserved.
This translation of Crisis Communication Strategies is published by arrangement
with Kogan Page.
The simplified Chinese translation rights arranged through Rightol Media
（本书中文简体版版权经由锐拓传媒取得 Email：copyright@rightol.com）

北京市版权局著作权合同登记 图字：01-2020-7669。

图书在版编目（CIP）数据

　　危机沟通：危机下的管理、应对与复原力构建 /（英）阿曼达·科尔曼
著；邓竹箐，戴治国译 . —北京：中国科学技术出版社，2021.10
　　书名原文：Crisis Communication Strategies: How to Prepare in Advance, Respond
Effectively and Recover in Full
　　ISBN 978-7-5046-9130-9

　　Ⅰ . ①危… Ⅱ . ①阿… ②邓… ③戴… Ⅲ . ①突发事件—新闻学
Ⅳ . ① G210

中国版本图书馆 CIP 数据核字（2021）第 155204 号

策划编辑	杜凡如　赵　嵘	责任编辑	陈　洁
封面设计	仙境设计	版式排版	锋尚设计
责任校对	张晓莉	责任印制	李晓霖

出　　版	中国科学技术出版社
发　　行	中国科学技术出版社有限公司发行部
地　　址	北京市海淀区中关村南大街 16 号
邮　　编	100081
发行电话	010-62173865
传　　真	010-62173081
网　　址	http://www.cspbooks.com.cn

开　　本	880mm×1230mm　1/32
字　　数	162 千字
印　　张	9
版　　次	2021 年 10 月第 1 版
印　　次	2021 年 10 月第 1 次印刷
印　　刷	北京盛通印刷股份有限公司
书　　号	ISBN 978-7-5046-9130-9/G · 906
定　　价	69.00 元

如果你是一位危机沟通专家，试图驰骋于这个深不可测的世界，这本书将为你保驾护航。

　　阿曼达·科尔曼通过一系列案例研究，清晰地提出了在危机来袭时需要制订的计划、流程和程序。

　　但更重要的是，她认识到对于有效危机沟通和危机后复苏而言最重要的因素是"人"，包括首席执行官、客户、恐怖主义受害者和危机沟通专家等。

——奥娜·伦格斯库，北约发言人

　　阿曼达·科尔曼是英国最受尊敬的危机沟通专家，她为智能手机时代撰写了一本崭新的手册。她以严谨的方式将全球案例研究与卓越的一线危机沟通的实践经验结合，告诉我们如何才能让危机应对行动看起来更加富有战略眼光，而且我们也必须做到这点。这本书是写给沟通人员、学者以及在此领域缺乏经验的人士，也是当代最具权威性的危机沟通指南。

——唐纳德·斯蒂尔，全球危机沟通实践者、英国广播公司前首席沟通顾问假如企业的声誉问题令首席执行官彻夜难眠，那么，阿曼达·科尔曼会有解决之道。本书全面涉及危机沟通计划及措施，也包括危机后复苏的方法。

"以人为本"是本书的精华，它简明扼要并且考虑周全，没有任何遗漏，能够帮助每一位危机沟通专家继续磨炼专业技能。如果您想让自己的管理团队高枕无忧，就读一读吧。

——萨拉·霍尔，营销总监、CIPR 2018 主席兼创始人

这本书将成为公关领域的经典和从业者的必读指南。它令人耳目一新，坚持"以人为本"，勾勒出了很有价值的蓝图，给出了重要提示和思路，并提供了发人深省的相关案例，涵盖了可能发生在我们每个人身上的问题。我喜欢这本书的节奏和风格，特别是书里容易理解的学习要点，它们能够帮助我们在"一切皆有可能"的世界里做出前瞻性计划。这本书适合各阶层从业者阅读，尤其对于关心员工和组织声誉的领导者来说，这是一本难得的佳作。

——艾玛·里奇，诺丁汉·特伦特大学营销和公关总监

危机沟通是对公关人士能力的终极考验，没人会比阿曼达·科尔曼更加擅长这一领域的工作。这本书会成为公关实践领域的"金标准"，会定义在这一领域何为真正的"优秀"。

——弗朗西斯·英厄姆，PRCA 总干事兼首席执行官、ICCO 兼 LGComms 执行董事

作为企业中的高级管理人员，你一定要把这本书放在案头。危机沟通往往比企业的其他项目重要得多，其中最重要的部分是提前准备、了解相关知识和迅速行动。这本书从精准的专业视角详细描述了危机沟通可能面临的各种情况和需要采取的应对措施，并针对如何在艰难境地取胜提出了建议。毫无疑问，作者比我们所有人都更了解危机沟通及其应对方法，因为她拥有丰富的实践经验，并且在这一领域培训了很多人才。阅读这本书，你可以很容易地获得危机管理领域的深度知识，也能感受到当前公关行业的变化趋势。更重要的是，这本书的内容通俗易懂，还囊括了一些很棒的案例。我强烈推荐相关专业人士、管理者和学生阅读这本书。

——马克西姆·贝哈尔，M3 通信集团首席执行官、ICCO 前总裁

如果你正面临危机，一定要准备好这本书。阿曼达·科尔曼提供的方法不仅详细，而且行之有效，很适合危机沟通专家学习。她的危机沟通战略在理论上深入人心，而且非常实用，你会发现这本书是无价之宝。作者勾勒了一个可供参考的蓝图，并且详细阐述了如何通过实践将美好愿景变成现实。如果你希望快速获得真知灼见，我推荐这本书，因为它会让你立刻如愿。

——雷切尔·米勒，All Things IC 咨询公司董事

阿曼达·科尔曼以一种崭新的视角——"以人为本"——来介绍危机沟通的方法。这一视角涵盖了每个阶层，不仅包括员工、社区和受害者，还包括沟通的领导者及其团队，而后者通常会被遗忘。在这本书里，他们可能遭受到的无形影响也被考虑在内。作者使用了来自世界各地的案例，呈现出她在20多年的危机处理经验中逐步构建出的原则。对于渴望在这个充满挑战的时代实现卓越沟通的组织领导者来说，这本书将成为你的一位具有开创精神的、必不可少的伙伴。

——温迪·莫兰，曼彻斯特大都会大学市场营销与公共关系高级讲师兼理科硕士、公共关系项目负责人

序

　　我在危机处理和针对突发事件进行有效沟通的领域已从业多年，很渴望能以某种方式分享个人经验并帮助其他危机沟通专家。有时我几乎每天都要应对新的危机，这已成为我的生活常态。但对于公共关系和传播领域的众多专业人士来说，其职业生涯可能只是遭遇过一次危机，但那会使他们猝不及防地陷入一种高风险、高压力的境地。希望本书能促使人们居安思危。本书将主要探讨企业应该如何投入时间以准备应对随时可能来临的黑暗时刻。

　　以我的全部经验来说，人们通常并不能充分考虑到危机沟通的所有方面。一言以蔽之，一切问题的关键可归结为：我们面对的是"人"。我们可能会花时间制订方案、计划或程序，但可以相当确定的是：这些方案、计划或程序都没有被充分考虑到其对"人"产生怎样的影响。这里说的"人"不仅包括企业的内部员工，还包括那些受到危机影响的人，后者同样重要。这些都是我们要关注的方面。同时，我也很鼓励人们尝试新的危机沟通的方式。

　　本书内容涵盖了危机发生的前、中、后三个阶段，包括从危机发生到危机后复苏的整个变化过程。我将提供有关思考与行动的详细指导和提升危机应对能力的诀窍，旨在帮助大家顺利度过每个阶段。此外，我还会提供案例来详细阐明部分企业在何处做出了危机应对，并且指出它们何处应对得当以及何处尚需改进。

书中的建议将对从事危机沟通计划和战略开发的专业人士有所帮助，与此同时，也会对那些难免与危机不期而遇的企业高管或首席执行官有所裨益。制定危机沟通的有效战略，首先要掌握危机应对的正确知识并且深入理解危机。

如果你已经准备好了，现在就投入学习吧！

致　谢

—

　　本书献给我最亲密的人，是他们给予我满满的关怀，和我共同度过无数品茶和休憩的美妙时光：乔纳森、我的父母（菲利普和普鲁伊），还有我可爱的同伴爱德华、迪格尔和阿尔伯特。

—

目 录

第 4 章　以人为本：做到员工优先

第 9 章 接下来会怎样?

第 **1** 章

你是否准备好
应对危机？

创建并测试危机沟通计划

　　每一位沟通领域的专业人士都很清楚他们迟早会面对危机，届时就需要做出切实有效的应对。这是决定他们职业生涯存亡的关键时刻。应对得当将会成就个人或团队，从危机中获取的丰富经验和知识也会有助于未来的工作。但是，如果危机沟通应对不当，则可能会对当事人和企业股价造成不利影响，甚至摧毁品牌。因此，做好应对危机的准备，对于每个企业或品牌都至关重要。相对于日常沟通而言，危机处理时需要采取一套特殊的沟通方式和沟通技能。危机沟通工作具有一定强度和风险，所以要求危机沟通专家表现出最高水准。他们必须时刻准备行动，集中力量做出一致反应，平衡各方面的需求，并且要具备复原力，能带领企业安全度过危机、实现复苏。做好充分准备是成功应对危机的基础。在一场危机的暴风眼中进行沟通，最重要的就是速度，而这就更容易导致管理者忽略某个问题或某个关键要素。危机沟通需要多管齐下、同步进行，就如同玩"转盘游戏"❶，即便是最老练的危机沟通专家也往往会面临考验。

危机当头，各种评论、观点和批评铺天盖地而来，很快就会令涉事企业陷入被动的境地。表现被动则会被外部观察者和公众发现，并将之视为一种消极反应。而且有些危机的特性很容易让管理层和员工产生强烈的个人代入感。尤其对于内部危机沟通专家或是与企业品牌休戚相关的外部人士来说，这种感觉更为强烈。这些个人情绪伴随着各方牵涉者给的压力，很可能导致他们采取并非基于事实而是受情绪驱使的临时行动计划。因此，沟通人员就非常需要一种能力，能够敏锐觉察危机出现时的各种情绪，同时还能退后一步保持距离，从而做出更明智和战略性的应对。接下来的章节将会详细探讨度过危机所需要的能力。

无论是在危机之中还是危机之后，管理者都需要仔细审查和分析在应对危机事件的过程中所涉及的每个部分。具体包括应对危机的过程和成功进行危机沟通的结果，这些是需要评估的关键内容。紧急服务机构的危机处理简报中常常涉及对危机

---

❶ 转盘游戏（Spinning the Plates）：这个游戏要求参与者扔出一个圆形物体（比如一个盘子）做旋转，然后叫某位玩家的名字，被点名者需要在转盘落地时接住它，否则就要接受惩罚。

沟通各部分处理欠缺的批评，从反应迟缓到缺乏与受危机影响人群的结合与对接等。危机之下，从首席执行官到客服以及前台员工的种种言行举止都会即刻被置于显微镜下考量。例如，在2011年挪威奥斯陆（Oslo）爆炸枪击案发生一周年后，其应对措施报告即"格约夫报告"（Gjorv Report）才被正式提交给挪威首相。该报告细致入微地分析和评估了警方当时采取的应对措施以及和公众沟通的情况（参见本书第30页的案例）。

掌控"主流叙事"

公众对危机事件的反应、给出的反馈以及危机事件牵涉者的种种评论很快就会演变成对该事件或问题的公众叙事。所谓"叙事"（Narrative），就是有关危机事件的"故事"，所有涉事者都会有看待危机的个人方式和视角。在极短时间内，某一版本的叙事将会演变成当前危机的"主流叙事"。因此，对于一家企业或组织而言，化解危机的关键在于确保自己提供的版本能够成为"主流叙事"。达成这点之后，接下来就可以通过表达理解、积极行动和持续学习来建立客户对企业的信任和忠诚。如果能在危机风暴来临前制订好清晰的应对方案，一切就会令人更加胸有成竹。因为这能让企业或组织有更充裕的时间谨慎思考接下来的应对举措。考虑到一次危机所带来的舆论压力和消息传播的速度，如果某个问题或事件已被社交媒体和实时新闻频道充分"解密"，那么执行危机沟通计划的机会就已不复存在。只有事先准备好危机沟通的计划、系统和程序，才能在危机来临时节省宝贵时间，让企业或组织迅速立于不败之地。这项工作不仅是制订一份危机沟通计划那么简单，还强调要针对计划进行测试以便考察其适用性。而且，这项工作也不是仅限于完成，而是需要将它完美地嵌入运营过程，以便企业能在危机发生时迅速应对。

创造力有助于充分推进沟通过程。但是，这点在危机伊始必然受限，因为创造力所带来的自由必须让位于一种有利实现信息共享的系统方式。在危机开始时，最重要的是保持头脑冷静，然后制订有助于危机沟通专家创建复原性的明确计划。等到危机爆发的紧急情况处理完毕，一切都已按部就班时，管理者就有充分的时间开发某种创造性问题的解决方式。在危机沟通的最初阶段，管理者还是需要依靠系统和程序来平息压力。通过制订计划来准备好随时应对危机的好处颇多，即便如此，很多组织还是不愿倾注足够的时间精力开发一套清晰的基于计划和程序的危机应对系统。事实上，危机沟通计划想要起

效果，就必须建立在情境计划和流程测试的基础上，而肯定不能仅是来自书本的理论进展或是数据库里无人问津的材料。本章稍后将会讨论如何更好地将危机沟通计划嵌入企业的运营过程并落在实处。

重要提示

　　花时间思考：企业目前有哪些应对危机或紧急情况的适用计划？该计划是独立存在的，还是隶属于组织的一份危机应对计划？

　　应对危机时，重要的是了解当前掌握的资源。如果已经制订好了计划，可以参照本书的指导和建议进行查漏补缺，看看你在计划中是否将沟通作为危机应对整体方案的关键部分。沟通团队的行动需要和企业的应对战略保持一致。

　　应对危机时最重要的就是拥有一份清晰的危机沟通计划，便于每位专业的危机沟通专家以及危机应对中心和外围支持的工作人员都能理解。它将作为应对一切危机的参考框架，包括运营危机和声誉危机。运营危机通常是由组织所在环

境中发生的事件引发,受到外部事件或内部运营问题影响导致
的危机。声誉危机则是由人们的观念或评论引发,未必和真实
事件相关,可能是由网络热议或媒体评论造成的危机。我们将
在第2章对两类危机进行深入探讨。

　　危机沟通计划贵在简明扼要,既要确保读者快速理解自己
在沟通中扮演的角色和找到应对危机的具体做法,又要尽可能
适用于所有危机。如果危机沟通计划面面俱到,针对各种千差
万别的情况都提供详细指导,就很容易阻断应对危机所必需的
思考过程。这种类型的计划只适用于特定情况,而它往往并不
符合危机发生时的真实情况。每一次危机都很独特,如果事先
准备的应对计划缺少灵活性,就很容易导致沟通失效。如果完
全依赖计划,而不能就当前的情况进行随机应变,也将导致应
对失当。企业制订的危机沟通计划需要能够在更宽广的范围内
适用,并且更具战略眼光。这份危机沟通计划的文件需要存
档,具体包括:沟通的方式、危机沟通专家的发言脚本、沟通
角色的清晰界定等,同时需要列出一份通用的危机应对措施表
单。企业可以将这份计划作为蓝本,用来协助处理各类危机
情况。但计划必须在应对危机时得到及时反馈和修正。

制订危机沟通计划

危机沟通计划的关键部分包括：

- ☐ 计划的目的
- ☐ 方法
- ☐ 沟通优先级
- ☐ 危机应对的结构——
    相关角色及其职责
- ☐ 情境和关键信息
- ☐ 渠道优先级
- ☐ 利益相关者关系管理
- ☐ 资源配置
- ☐ 回顾和评估

制订危机沟通计划不是仅仅把计划落在纸上或者封存于数据库，而是考虑如何实现共享计划、就计划进行沟通，并对计划进行测试和完善。无论如何，制订计划都是准备应对危机的第一位、最基本的工作。下面介绍计划包含的各个部分。

计划的目的

这一部分需要明确企业或组织应对危机时承担的责任。例如，企业或组织应明确在应对危机时需要承担的法律责任及需要特别留意的地方。在制订应对措施前，企业需要了解相关法律给出的限定范围。这部分还需详细说明计划将何时使用和如何使用，以及怎样与其他各类组织的危机沟通计划配合。企业或组织最好能常备一份危机沟通计划，作为参考手册的一部分，这样的参考手册通常用来帮助企业或组织应对各种类型的危机并采取紧急救援措施（图1-1）。如果没有参考手册，只有单独的危机沟通计划，那就尽量促使这份计划和企业或组织的其他战略有所关联。

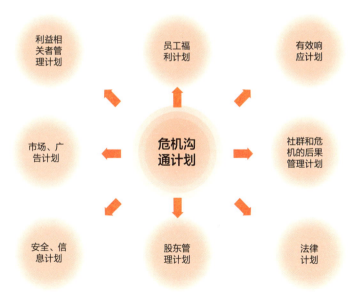

图 1-1　危机沟通计划与组织危机应对计划的关系

9

方法

每个企业或组织都有自身的愿景、使命和信念，这些将会影响企业或组织进行危机沟通的方法。需要考虑的是，你希望公众如何评价企业或组织，以及如何看待企业或组织的立场。例如，企业的价值在于拥有极高的顾客服务标准或者能严守商业伦理。企业或组织要确保这些价值体现在危机沟通计划中，并贯彻在危机的应对方式上。危机沟通实施得当将会提升企业或组织的美誉度，让企业或组织的愿景、使命和信念在员工和公众心目中更加强大。

沟通优先级

这部分会说明在危机沟通各阶段应对措施的优先顺序，涉及发现问题或事件开始阶段、危机初始阶段、实施应对策略阶段、重塑现实阶段以及最终转向复苏阶段。这部分还需考虑企业或组织的定位：是作为危机应对的领导者，还是配合其他扮演领导角色的组织或机构开展工作的辅助者。这部分还会详述企业或组织在危机初始阶段需要承担的任务及其细节，比如有关危机初始阶段具体行动的信息，可能包括向首席执行官发出预警、实施危机应对的周密方案以及如何调用额外资源获取支持等。如果应对危机之前有必要联系关键的利益相关者，那么这点也需要在沟通优先级中明确。

危机应对核查清单

最初应对方案

➡️　准备"应急包"——为危机沟通专家在危机初始阶段准备好一切所需之物。"应急包"包括一个储存危机沟通计划以及所有简短的"立场声明"的USB闪存盘（提前准备"立场声明"意在为企业或组织争取更多时间，以便接下来能采取更详细的危机应对举措），还包括一些附加资源和联系方式的详细信息，以及其他相关事项，例如创建信息渠道、设定紧急联系电话，或者使用其他一些辅助技术。（在突发危机的情况下，缺少技术支持的问题会很常见，因此，建立备份系统非常重要。）

➡️　联系运营主管以收集足够多的精准信息，尽快发出首份声明。要确保最初得到的就是精准信息，切勿自以为是或任意发挥。

➡️　如果有其他组织或机构在危机沟通和操作应对方面处于

领导地位，请及时联系他们并确定可以公开发布的内容。

➡️ 尽快发出首份声明，这样可以呈现出企业或组织正在了解问题、正在配合其他的领导机构工作、正在启动应对计划或者正在评估现状，一旦企业或组织获得更加具体的信息，都会提供给公众，以确保公众看到企业或组织已知情并在行动的状态。

➡️ 滚动记录企业或组织授权人发布的信息，以及他们做出的沟通决策。随着时间的推移，这些信息会变得非常宝贵，它们能够清晰地呈现企业或组织发布的具体内容、时间点、发言人和受众，比如信息是投放给特定媒体还是社交媒体等。

➡️ 联系随着事态发展能提供额外资源的相关人士或机构，及早发出信号，以便尽快得到支持性资源。

危机初始应对方案

➡️ 使用成熟的危机沟通计划创建一个定制版本，充分关注当前情境的细节。

➡️ 确定企业或组织的主要发言人，让他们充分知情，掌握截至目前各类媒体发布的信息,随时准备好向公众发布最新消息。

➤ 监控各类媒体的动态,收集需要纠正的相关评论,同时充分理解这些评论蕴含的情绪和观点。

➤ 建立危机应对的结构,确保有人承担关键角色,比如负责内部信息发布的人员、管理利益相关者关系的沟通人员等,也要充分考虑他们的福利。

➤ 将定期发布最新消息的时间告知各类媒体和其他受众,即便只是对已知的精准信息的重申。

实施应对策略

➤ 考虑更宽广的沟通渠道,向媒体、博客作者或其他渠道的公众展现企业或组织对当前问题的重视和关心。

➤ 协助运营团队与受危机影响的人群取得联系,根据危机的规模选择直接或间接的沟通方式。

➤ 制订利益相关者的关系管理计划,共享相关声明,鼓励利益相关者协助为当前问题或事件发声。

➤ 确保第2~4周的资源储备充足，以便应对各种周末和通宵行动。在危机应对期间要保证这种随叫随到的模式持续稳定。

➤ 确定发布最新信息的时间和方式，尽量固定发言人以保持连续性。

➤ 考虑如何在沟通过程中更富有创造性，从而有助于重建公众对组织或品牌的忠诚。

重塑现实

➤ 确认企业或组织何时恢复日常经营。这点需要和危机运营主管及首席执行官详细讨论。一旦确定时间表，即可相应缩减用于沟通活动的资源成本。

➤ 明确告知关注事件进展的人群，在危机结束后，他们将在何时、以何种方式收到进一步通知。

➤ 运用创造性的沟通方法更新公共叙事，持续向公众解释企业或组织正在采取的行动对危机后的复苏非常有利。

➤ 确保所有相关的公众热线和在线援助正常运行。当热线关闭时，告知公众最新的沟通方式以确保公众知情。

➡️ 对沟通行动进行回顾，以便更加准确地评估后续工作是否能重建公众信任和信心。

复苏之路

本书稍后会用一章的篇幅讨论这项艰难的决策，即应当何时开始将运营和沟通带入危机后的复苏阶段（见本书第8章）。

危机应对的结构——相关角色及其职责

之前提到，采用系统性的危机沟通方式会让危机应对有更大胜算。无论是在企业或组织内部工作，还是作为外部咨询顾问，你都可以清晰勾勒出危机应对的结构。如何从企业或组织内部做出决策，取决于你有多大程度的沟通灵活性和执行力。这就需要确定清晰的决策流程，明确哪些沟通任务必须获得授权才能执行。理想的状态是领导者能够充分信任沟通团队，危机伊始时就能灵活调整前期的准备工作。

清晰的角色设置是为了明确每一位团队成员在应对危机时的具体任务和权限。角色设置也适用于为应对危机而临时招募

的各类工作人员，包括本来从事沟通工作的人员、来自协助机构的人员以及自由职业者。如果你独自应对危机（不推荐这种方式），也可以利用角色设置让你的应对方案涵盖危机沟通行动的各个关键领域。在所有角色中，首先要选择一位沟通领导，这位领导作为企业或组织内最高级别的危机沟通专家，负责处理危机并直接向企业或组织的发言人通报情况，再由发言人面对公众。大多数情况下，这位发言人就是企业的首席执行官，具体也会根据问题或事件的性质而定。因为在有些情况下，由某位高管露面发言会更合适。通常领导专门负责制定危机沟通战略，并随时审视事态发展。根据危机事件的性质和规模，沟通领导需要有能力将危机战略贯彻落实，或者在副手的协助下推进战略的实施。其他角色还有：内部沟通主管、负责联系合作伙伴的主管、负责危机波及人员的主管、数字媒体沟通主管、员工福祉主管（这个工作可由内部沟通主管负责，但如果员工福祉的相关工作极其重要，那建议单独设置这个角色）、媒体监督主管等。以上列出的角色并不完备，企业或组织的不同部门可能还需要设置特定的角色。角色设置的关键在于深刻理解关键的利益相关者到底是哪些人，需要在危机期间和他们密切保持联络，并绘制利益相关者图谱，还要清楚若未能在危机期间与他们充分联络并通报进展可能造成的影响。在管理危机沟通活动时，拥有一份清晰的角色设置图谱是十分必要的。

情境和关键信息

之前提到，忽视当前事件的具体特征而统一使用固定信息的方式并不可取。在考虑发布什么信息更合适时，企业或组织首先要做的就是仔细设想最有可能出现的情境，比如网络攻击、产品故障、服务失败，或者有位心怀不满的离职员工公开批评企业或组织——你还可以根据企业或组织的特点设想其他可能的情境。如果无从下手，不妨参考企业或组织的风险管理计划或风险登记簿，这些会对可能出现的威胁给出详细提示。设想过各种情境之后，企业或组织就可据此设计一些用于最初回应的关键信息。关键信息要聚焦重点，比如提供救援热线号码、详细向公众阐明企业或组织知情并正在积极处理问题的工作状态，或者提供一切能表明企业或组织很重视问题并已迅速采取措施的关键信息。同时，尽量告知公众参与危机应对的方式。例如，企业或组织为公众提供相关信息、告知远离危机的区域、告知公众归还受损物品等。危机发生时，所有这些前期工作将会作为一个良好的开端，支持企业或组织迅速做出反应，继而游刃有余地考虑接下来的具体解决措施。这些关键

信息具有指导性质，可以根据当前的具体问题和事件进行调整。

渠道优先级

在处理危机时，企业或组织需要审视目前采用的沟通战略的详细情况，充分运用相关知识和洞察力。现有的沟通战略有助于优先理解目标受众获取信息的渠道，以及他们在危机中获取最新信息的方式。如今，社交媒体网站和数字平台浩若烟海，很难全部覆盖。因此，企业或组织不要把信息内容漫无目的地散播到各大数字平台上，而是要聚焦在关键受众，确定渠道优先级。例如，如果企业或组织在脸书（Facebook）或领英（LinkedIn）有很强的影响力，这些就可作为该企业或组织在危机沟通应对时的优先渠道。但也不能忽视其他传统的沟通渠道，如本地媒体、面对面沟通、服务台和前台员工沟通等。关键在于如何让沟通效果最大化，这就需要企业或组织理解受众心理，细致入微地观察顾客。

利益相关者关系管理

在考虑情境及开发相应关键信息时曾经涉及过这个议题。练习绘制利益相关者图谱对于沟通活动的各方面都很重要。通过这项工作，企业或组织才能了解谁是关键受众，谁又是对企业或组织很有影响力的人。这项工作贯穿危机始终，对于与包括股东、投资人、监管机构及合作机构这些群组进行沟通都显得非常重要。这项工作会帮助利益相关者建立对企业或组织的信任和信心，表明企业或组织已经对局势有所掌控，而这相应地会有助于企业和利益相关者在未来发展更牢固的关系。企业或组织应明确在危机期间需要联系的重要人物，让他们详细了解危机沟通计划，这是准备应对危机时的一项重要工作。

资源配置

危机的强烈程度往往是危机沟通专家之前未曾体验过的。鉴于新闻频道会滚动播出消息，社交媒体网站也会大肆宣传，监控媒体动态就变成了他们一项夜以继日的职责，这时通常需要好几位工作人员配合才能有效执行危机沟通计划。在角色设置和明确职责这部分，你将更好地了解到如何确定危机应对的人员数量。这点很重要，可以确保企业或组织能在短期内获取足够资源。首先，企业或组织需要了解所需资源，然后弄清从何处可以获得这些资源。在这个过程中，相关的计划和运营机制都要到位，从而保障在必要时能从整个企业或组织临时调动工作人员，或者从外部机构征用工作人员。成功摆脱危机需要花费时间和精力，并且谨慎从事，这一切都需要充足的资

源。确认从何处获取资源后，企业或组织就应该让工作人员或团队清楚要扮演的角色。本章稍后还会详述这点，届时将会涉及如何在企业或组织内部推进计划并落实准备工作。

相关资源可能来自：

- □ 沟通工作人员
- □ 其他有沟通知识或经验的人员
- □ 可能调动到沟通团队的工作人员
- □ 互助人员（和合作机构或其他企业或组织商榷能临时借调的工作人员）
- □ 机构的工作人员
- □ 自由职业者，以合同制雇用的企业或组织外部员工

回顾和评估

在危机应对的初始阶段，采取传统的评估方式并不是很有帮助。但是，增强对行动所产生影响的反思能力却很关键。企业或组织在危机沟通计划中需要阐明对沟通活动进行回顾和评估采取的具体方式及时机。企业或组织可能会因为某些触发点

对已经采取过的行动进行回顾。例如,在开展一项关键的运营活动时,信息收集的重点在于区分哪些工作有效,哪些工作存在差距,进而改善危机应对计划。无论是回顾还是评估,这些工作都不同于贯穿危机始终的媒体监控工作。媒体监控是为了了解社交媒体和传统媒体上的种种言论,以便及时更正不实之处,并优化信息的发布方式和相关行动。评估危机沟通计划的目的是长期了解企业声誉的变化以及各方对企业的信任和信心水平。这些工作应在关键节点进行,比如在运营活动进展过半时,或是在危机尾声的企业复苏阶段。在这些时刻,评估沟通活动的方法就能发挥效用。"AMEC综合评估框架"(Integrated Evaluation Framework)详细提供了实施评测的指导说明。之前提到企业或组织需要做好技术支持以便在危机出现时立刻做出应对。危机应对人员需要随身携带笔记本电脑和智能手机,或者确保能快速拿到并投入使用。相关声明和问题回复要发布在组织的网站和社交媒体上,确保这些电子设备可以访问所有平台和系统。这就要求危机应对人员拥有允许快速访问的正确密码。如果企业或组织限制工作电脑对社交媒体的访问,就需考虑使用一台非联网电脑。随着危机事态的发展,技术将会帮助企业或组织制定出有创造性的沟通战略,这点会在接下来的章节讨论。

共享危机沟通计划

投入时间制订危机沟通计划，就相当于企业或组织已经为一切可能的突发问题或事件做好准备。接下来，企业或组织就需要在内部共享危机沟通计划的详细内容。这点为什么很重要？因为企业或组织的管理者需要保证所有可能卷入危机的人员都清晰了解计划，比如首席执行官、重要部门的主管、客服人员和参与危机沟通的全体人员。在将计划嵌入工作环境时，确实有很多好的方法，但都需要从共享计划开始，向企业或组织全员清晰地解释计划，确保员工能在共享计算机系统上访问到该计划。危机沟通计划不仅要在企业或组织内部共享，也要让其他相关组织的相关人员了解。企业或组织还要制订出管理利益相关者关系的计划，作为危机沟通计划的辅助部分。

接下来，企业或组织就需要建立严格而规律的测试程序。这不仅可以保障该计划适用于实际行动，而且也为了让危机沟通计划的参与者能够更加详细地了解他们要做的工作。

在繁忙的日程安排中试图抽时间进行危机情境测试和演习，这项任务确实非常具有挑战性，但这都是在为应对危机做准备，以便全员在危机出现时能够迅速应对。大家不妨将之想象成一支为点球做准备的足球队，训练有素的点球技能或许并不总会派上用场，但队员永远都不知道比赛何时会因点球一锤定音。危机沟通专家可能很少有机会直面危机，但是，当他们恰巧遇到危机时，每一位参与者都必须以最佳状态投入应对。针对潜在的危机进行演练、演习和制订计划，能够让人保持备战状态。

无论针对计划进行何种测试或演练，重点都是为了发现危机应对的差距，同时，使危机沟通人员对于战略可能失效这一事实保持开放态度。这些说法貌似不靠谱，但实际上只有通过犯错、寻找差距并标出那些应对迟缓之处，最终才能制订出更加适用于真实危机的应对计划。计划行不通的地方，也正是可以动手改进的地方。因此，所有的缺陷恰恰也是改进的良机。制订计划会用到相关的知识经验，但即便拥有丰富的经验，依然需要对计划进行测试和修正。也就是说，最终落在纸上的计划只能代表危机真正爆发时最有效和最完备的工作方式。而对计划进行测试，则需回到现实环境，清晰地暴露出各种缺陷。所有企业或组织都不希望危机沟通人员成为"事后诸葛亮"，在危机发生之后才想起来应该提前进行更多测试和演习。凡事预则立，不预则废。早做准备有利于在危机真正到来时省钱省时，并且会增强企业和团队的复原力。构建复原力是成功应对危机的基本部分，应针对个人和企业这两种组织模式都能够构建复原力。复原力能够让人们更有准备，更善于利用

相关的指导、计划和程序来应对危机，同时还会促使人们更加自信、果断。如果还不具备复原力，企业或组织就需要花时间在内部培养这种能力。企业或组织文化需要支持发展具有复原力的员工团队。在创建复原力组织的过程中，系统和流程扮演着重要角色，但这同时也属于企业或组织文化和"感觉"的部分。首席执行官和高层团队在创建一种将失败视为学习契机的企业文化方面发挥着核心作用。如果在"平时"就能以一种合理的方式实施计划、程序和测试，企业或组织就能有一支强大的员工队伍，可以针对"战时"的紧急计划进行测试和评估。

可以采取几种方式进行情境测试和演练。"纸上谈兵"型的演练也需要提前制订计划，但总体来说，这种方式更加经济高效。而涉及角色扮演的现场演练则会带来更大的帮助，因为在演练时会综合很多现实因素，但这种方式需要耗费大量资源。大规模的、真实的角色扮演演练主要是在军队、政府部门、执法机构和紧急服务机构中开展。通常这种方式的演练也需要志愿者参与，比如由志愿者扮演记者或公众。所以，你是否有机会参加其他组织进行的危机演练活动呢？这点值得留意。如果你能够投身其中，就会亲眼看到各方力量如何合作以及危机演练如何开展。毫无疑问，这些将会帮助你获得所需的危机沟通计划和演练知识。

针对高风险领域,很多组织都制订了测试程序。食品生产、化学品处理和运输领域的检测制度会更加侧重操作环节。将沟通部分添加到计划中的操作活动中,会成为测试危机沟通计划的良好开端。如果预设好某个情境,企业或组织就更容易将沟通应对作为实时练习添加进来,无须大量准备工作,只是和负责演练的技术人员协商好,鼓励他们在测试中添加沟通部分,从而增强演练的真实感。毕竟,一切危机或紧急情况都不能完全脱离公众的视野而发生。

如果没有计划好的演练或测试方式,也可以重点练习沟通。企业或组织可以查看计划中预设的各种情境,找出最有可能发生的情境,例如网络攻击、产品故障、服务失败等,然后创建一个"办公桌前"的虚拟情境来测试沟通应对能力。企业或组织也可以从外部机构获取相关服务,协助制订演练和测试计划,从而保障计划能够被彻底落实并接受严格监督。在世界范围内,有很多经验丰富的危机沟通和培训的企业或组织擅长此道。对制订的危机应对与危机沟通计划进行独立评审是唯一能够真正揭露计划弱点的可靠方式。它能消除任何评审过程中和针对测试的反应过程中可能出现的偏见,从而避免个人视角的局限。同时,它也能从专家视角重新审视计划中的方法,从而令企业或组织对制订的计划更有信心。

理解计划

想要全面理解计划，就需要仔细演练，以便审查危机沟通计划的方方面面，也就是说，要了解它的弱点所在。同样，开发测试方法的任务也可以外包给外部机构或个人。在所有评审内容中，必须重点审查：该企业或组织对问题或事件迅速发出初级预警的能力、先期发表声明的速度和质量、针对传统媒体或社交媒体热点议题的回应能力、根据事态发展进行信息管理的能力以及不断调整应对方式、声明和计划以反映危机多变本质的能力。演练越详细，企业或组织就越可能对计划中的方法进行更充分的评估。如果能有一整天甚至两天的时间，企业或组织就可以针对情境进行实时演练或者基本接近实时状态，这会更加真实。不过，即便只有半天时间，也足够进行一次细致的"办公桌前"演练。

对于参与者而言，尽量确保情境的真实性非常重要，必须让人感觉身临其境，这样人们的行为方式才会如同危机真正发生一般。例如，设置一个由假扮的记者组成的媒体小组，请他们根据事态发展进行提问，这个练习会很有帮助。他们佯装在危机爆发时进行报道，提出一些十分棘手和颇具挑战性的问题，用来测试企业或组织的危机应对和适应能力。开发包含社交媒体部分的测试一直很困难,但近年来,已有数家企业开发出了能在数字空间模拟危机及其增长演变规律的系统。这是一个专业领域,应对社交媒体是所有危机演练和情境测试不可或缺的部分。社交媒体将成为大多数危机爆发和发展的焦点区域,将其纳入危机沟通计划并进行测试是十分必要的。

所有危机演练都应有企业或组织内部的关键人员参与,包括首席执行官、部门主管和所有将在危机沟通计划中扮演角色的人员。发言人、员工支持人员、客服人员——所有参与危机沟通的人员都应参加演练。再次强调,假如相关人员不能参与,那么他们至少必须清楚地了解计划以及自己在计划实施时承担的角色。他们需要了解各部分是如何整合的、危机的应对结构、授权过程以及管理利益相关者关系的各种对策。危机沟通专家负责提出建议,他们在针对危机提供可行性战略方面发挥着关键作用,接下来的章节会详细探讨这部分内容。

如果企业或组织能让关键利益相关者和其他参与危机应对的人员或相关领域的人员都参与演练,就能让演练过程更加逼真。当演练只是为了单独测试沟通应对战略,而不是像之前提到的处在一种更宽广范围的运营情境中时,企业或组织就需要考虑采取行动时会具体涉及哪些人员。如果危机沟通计划中的管理利益相关者关系这部分涉及关键的监管机构,企业或组织就需要

考虑如何让他们参与演练。考虑利益相关者方面的计划能否应对危机，这点对危机应对也很有帮助，会让企业或组织在开展针对利益相关者的行动时做到有的放矢。危机当前，企业或组织永远不要畏惧和自己需要靠近的人并肩战斗。当事情真实发生时，企业或组织所面临的挑战会和其他组织类似，因此通常可以在应对危机时互相帮助。具体比如强化叙事、共享信息，以及确保关键人物能在被要求发表评论前获得最新信息。

鉴于有些问题的敏感性、保密性或存在其他组织层面的困难，可能不方便共享危机沟通计划，那至少应该与关键利益相关群组的沟通人员进行讨论。企业或组织需要清楚地了解不同机构和组织的危机应对方式，从而有助于自身保持叙事和信息发布的一致性，这将会对受到危机影响的人员和更大范围内的公众有所帮助。

如果企业或组织拥有十分成熟的风险和危机管理方式，或许可以考虑让公众参与演练。例如，企业或组织可以邀请客户或者服务体验者，只要向他们介绍清楚演练的具体情境和对他们的期望，这些人就很可能对计划中的战略和措辞提出富有价值的见解。然而，这对许多企业或组织来说还过于激进。为了安全起见，企业或组织可以用焦点小组的方式代替，同时需要留心并收集公众对公共事件的看法。如果企业或组织能够开放地对危机沟通计划做出改进，最终就能收获一份更加全面和完善的计划。

　　企业或组织必须定期审查并持续开发危机沟通计划，不能写完计划就束之高阁或者闲置在某网站上。企业或组织会规律地演变、发展和适应环境。工作性质每年都会发生改变，而且经常会有不同侧重点，可能是新上任的首席执行官引入了崭新的价值观，也可能是随着技术的发展和成熟带来的环境改变，还可能是引入了新的产品和服务……这些都可能给企业或组织带来全新的风险。考虑到情况在不断变化，企业或组织就应该及时审查和评估危机沟通计划，以便进行修改并做好行动的准备。

　　演练核对表

- □ 尽可能和运营部门的同事一起制订演练计划
- □ 把演练的重点放在高风险领域
- □ 考虑引入一家机构从事

- 这项工作
- □ 决定是做完整的角色扮演演练，还是做"办公桌前"的演练
- □ 确保企业或组织内部关

键人员参加演练

□ 与主要利益相关组织的危机沟通专家讨论，邀请他们参与演练

□ 与公众成员组成焦点小组，测试他们对计划和

备用信息的反应

□ 持续审查计划，考虑企业或组织测试结果的反馈以及内部运营环境的变化

案例研究 ▶ ## 挪威爆炸枪击事件

2011年7月22日，一名男子让整个挪威陷入极度的震惊和悲伤。事件始于在奥斯陆政府大楼引爆的一枚汽车炸弹。爆炸累计造成8人死亡，200多人受伤。不到2小时，奥斯陆西北方向的于特岛发生了枪击事件，当时挪威工党（Labour Party）的青年团正在那里举办活动。独狼组织的恐怖分子安德斯·布雷维克（Anders

Breivik）装扮成警察向民众开火，累计造成69人死亡，100多人受伤，其中半数伤势严重。恐怖袭击造成了毁灭性影响，所有机构对这次恐怖袭击事件的应对都被详尽记录在2012年1月发表的"格约夫报告"中。

恐怖袭击持续的时长足以让卷入于特岛事件的人们使用社交媒体与外界联系，而社交媒体是警方和其他机构明显缺席的地方。当某个事件在脸书（Facebook）和推特（Twitter）发酵时就会引发很大关注。但是，"格约夫报告"得出的结论却是：政府与公众沟通良好。

还有什么可以改进的地方？

这次行动的主要问题在于未能针对应急计划提前充分演练，也未能从前期测试的结果和收获中有所学习。只是考虑到开发和实施计划所投入的大量时间精力，"格约夫报告"才对这次行动给出了积极的解读。报告最终认为失败之处可归结为：

- 识别风险和从演练中学习的能力有所欠缺。
- 决策执行能力不足，充分执行计划的能力不足。
- 协调互动能力不足。

- 信息技术和沟通技术方面的潜力开发不足。
- 领导层明确责任、制定目标和采取措施取得成果的意愿和能力持续不足。

如果从实施并评估危机沟通战略的关键机构的视角出发，就更有可能发现这个过程中的不足之处。相关机构应该也会认识到社交媒体对危机沟通的重要性。或许他们需要针对涉及武器的突发事件的各种可能性和风险进行更多情境测试。

“格约夫报告”强调：危机管理的实质在于准备工作——计划、演习、演练、互动及思维方式。危机管理本身就是对准备工作的一次测试。

学习要点

① 要充分投入时间对危机沟通计划进行测试和审查。

② 帮助构建“时刻准备应对一切危机”的企业或组织文化。

③ 在制订计划时要充分预设难以预料到的情境，并对情境进行创造性思考。

④ 确保考虑到媒体、社交媒体、利益相关者和

其他关键群组。(以下各章会详述。)

⑤ 邀请企业或组织的领导者参与危机沟通计划的讨论及测试。

⑥ 利用关键沟通渠道传达"在场感",并在危机沟通计划中确定渠道优先级。

⑦ 在你的危机沟通计划中融入积极主动性,以便你能主动共享叙事和关键信息。

案例
研究

英国航空公司客户数据泄露事件

2018年,英国航空公司(BA)因在线安全存在漏洞导致顾客个人信息和支付细节数据泄露,最终导致受到影响的人数大约在38万人。2018年8月21日—9月5日通过公司网站或移动应用程序预订机票的顾客成为本次事件的受害者。

英国航空公司表示,黑客从顾客的支付卡背面获取到的资料包括顾客的姓名、地址、信用卡卡号、信

用卡到期日和三位数安全码。这就对顾客造成了重大影响，同时也严重损害了公司声誉。社交媒体上有针对这次事件的讨论，一些知名人士也成为这次黑客事件的受害者，包括著名女企业家兼主持人米歇尔·杜伯里（Michelle Dewberry），她在推特上写道："英国航空公司，我很愤怒！在你们本应礼貌地告诉我实情之前，我已经从新闻中得知了数据泄露事件。我现在独自在越南旅行，被迫停止使用信用卡，这让我十分无助，我正花费着我宝贵的时间努力解决这个问题。"

2018年9月6日，英国航空公司首次发布推特消息称："我们的当务之急是调查网站和移动应用程序的客户数据失窃事件。"

第二天，英国航空公司的首席执行官亚历克斯·克鲁兹（Alex Cruz）开始正式向客户道歉，并在给客户的信中深表遗憾并深表歉意。他在信里面还多加了一句话，将事件焦点转移到了"犯罪活动"上，而这被视为是他在试图为公司和系统因存在漏洞而被非法入侵这点开脱。

其中一项广为诟病之处在于，事发之后消息就被大肆散播，而很多受到影响的顾客是从新闻报道中得知信息泄露的诸多细节，而不是直接收到英国航空公司的联系函。此外，英国航空公司的客服中心也没有向关注事态进展的客户提供更新信息。事件之后，该公司股票受到冲击，公司声誉受损。

据路透社报道，在宣布该消息后的第二天，英国航空公司的股价下跌2%。而彭博社报道称，英国航空公司的母公司国际航空集团（International Airlines Group）的股价跌幅高达5.8%。

学习要点

① 确定支持危机沟通战略和计划的首批应对人员，可能包括客服中心和前台的员工。

② 确保当前系统和流程能支持首批应对人员领先于公众获得信息。

③ 核查你在危机期间开发的沟通渠道是否适当；例如，使用推特作为与顾客进行大量沟通的渠道是否合适，有没有可能引入其他的沟通系统？

④ 明确信息发布时机，无论是内部信息还是外部信息，或是向利益相关者和股东进行的信息发布。同

时确保受到危机影响的人群最先收到信息，至少要在发布公众信息的同时向受到危机影响的人群发布信息。

⑤ 迅速解释已经采取的行动，必要时进行道歉和赔偿。

⑥ 危机结束后尽快汇总本次危机沟通方法，确认如何尽快将这一信息贡献给需要的群体，特别是受到影响的人群。

本章小结

做好危机应对准备并确保始终进行有效沟通对于每个企业和组织来说都至关重要。它有助于保障品牌安全，特别是当品牌卷入严重的危机事件或者遭受了重大问题而可能毁于一旦的时刻。出发点是进行过妥善的深思熟虑，了解制定危机沟通战略和相关计划的重要性。企业或组织还需要从日常运营中抽出时间和精力认真考虑自身在应对危机时到底需要做什么以及如何开展工作。

制定应对战略的同时也需要确定相应的测试和演练时间表，这会给危机沟通计划的制订带来压力。审核并确定计划是否满足应对真实危机的需要，需要花费时间和资源，这也正是"纸上谈兵"的计划和经过压力测试更适合在真实情况下实施的计划之间的区别。如果在准备期间不采取这种方式，就等于将计划投入现实生活中测试，这对于危机应对或企业或组织本身来说都很不利。

准备工作是以认识危机的发生作为起点，然后是处理危机，进而努力推动进入复苏阶段。危机可能存续一段时间，企业或组织在危机的整个生命周期和复苏阶段都需要进行谨慎的沟通和公关管理。从初始阶段开始工作，记录整个危机各阶段的沟通需求，这便是管理各类危机的起步阶段。

最后，细节决定成败。危机沟通战略必须包括一些重要的组成部分。例如：应对流程必须到位，确定谁担任企业或组织的发言人，以及如何创建并达成一致性的叙事，等等。但同时也需要企业或组织制订相关的计划并建档，充分考虑所有可能阻挠计划进展或者让计划脱轨的细微情况。工作从绘制流程开始，然后到设置角色并明确职责，需要确保有合适的信息设备和沟通应急包可即时使用。企业或组织还要确保危机沟通人员知道从哪里可以获得管理危机的工具。如果企业能投入时间在这些细微的方面，就能在危机真正到来时节省宝贵的分分秒秒。

第**2**章

识别危机

危机总是不请自来，其形式和规模也各不相同，范围包括从影响巨大的全球性危机事件到关乎企业声誉的危机事件。定义危机，并不取决于规模，而是要看事件是否会影响到整个企业，如果是的话，该事件就需要归类为危机。应对危机的重点是能在被他人告知之前就意识到自己正面临危机。通过专业训练，我们就能获得及时识别出危机的能力。识别危机的关键是要了解危机的内部结构：它是什么？它看起来如何？给人的感觉又怎样？哪些因素促使危机发生？

风险管理经理、运营专家和律师都需要具备识别危机的能力，并为企业提供最佳危机解决方案。但其实他们能提供的答案很有限，而且一旦到了"惊动"法律团队或风险管理经理的地步，危机很可能已经非常严重了。危急时刻，正是训练有素的危机沟通专家挺身而出之时，也是向企业证明自身价值的时刻。上一章曾提到，这是危机沟通专家捍卫个人声誉的关键时刻，他们必须有能力在这个时候力挽狂澜。

了解危机的构成

严峻的事件或问题有可能发展成为一场全面危机，其中必然涉及以下5个因素。

第一，这是一个极其困难的时期，或者说处于最危险的时期。例如，发生洪灾或是像2004年海啸那样的自然灾害，以及世界各地发生的恐怖袭击事件。显然，这些灾难非常危险。但如果是其他情况，比如百事公司在2017年发生的广告危机，就更应该被定义为"品牌的艰难时刻"。简而言之，想要被定义成"危机"，那么该事件必须足够严重，要在某种程度上影响到企业或组织、员工或是经营环境等，并且会对整个企业的各个方面都造成影响。

第二，如果面临的是危机，企业就必须采取应对行动，这是一个必须做出艰难且重要决断的时刻。企业将置身危机四伏的十字路口，为应对危机做出一系列的选择。运营部门和人力资源等部门会负责做出这些选择，大致可以确定的是，必须有法律团队参与做选择，下一章我们将会讨论法律团队与危机沟通团队之间的争议。首席执行官将会面临有关危机应对的无数建议，而这时候危机沟通专家就可能起到成功管理危机的关键作用。

第三，被认定是危机的前提是，企业必须处于一种被动局面，或是即将陷于被动，也可能是企业失去了对局势的掌控。一旦出现危机，即便只是刚有苗头，企业或组织都将毫无例外地陷入被动境地。如果危机应对的工作卓有成效，并且在

危机后的复苏阶段出现有利机会，那么形势就有可能转向积极的一面。但危机刚出现时，对企业的负面影响一定会显现。

第四，大多数危机会突然出现，即便可能已经在风险管理过程和计划中被强调过，也在企业运营情境中被考虑到过，但在危机真正爆发之前，它们依然很难予以识别和确认。几乎很少有迹象能够显露出即将出现危机。或许也会出现一些蛛丝马迹，提醒人们留意正在发展中的风暴，但人们通常很难发现它们。还记得那一次海啸吗？虽然人们事先也曾被警告，但最终的事件规模却远超预估范围。在很多正在发展中的声誉危机中，企业可能在社交媒体上看到过投诉，看到过致企业的公开信，或是来自一线员工的信息，但这些却都没有引起企业的足够重视和有效行动，从而导致危机事件愈演愈烈。这些正是危机沟通专家发挥额外洞察力的地方，因为沟通团队的独特站位会支持他们对企业的整个运营看得更全面也更长远，他们能够看到企业环境中正在发生的事情，从而能为企业做出贡献。

第五，也是最后一点，如果是危机，那么发生的状况或问题必须会在某种程度对人产生影响。可以说，每个行动都会在某时某刻对某些人产生影响。但危机则是会对人、社区、邻里甚至国家都产生重大的影响。全世界都在关注股价、商业决策和管理资源，却缺乏对人的关注，所以危机对人产生的影响就常常被忽视。但正如第4章中所言，这个因素恰恰是危机应对举措中最重要的一点。如果遭受危机影响的人得不到重视，危机就会加剧，人们也会严重错失管理危机和修复危害的机会。

如果你遇到的问题可以归为危机，那必然包括以上全部5个因素。如果不能满足这些条件，那么你遇到的很可能只是需要努力解决的严重事件。需要明确一点：许多重大的严重事件同样可以运用事先准备的危机沟通计划和方法进行管控。这种情况或许并不需要全面部署危机沟通计划，但企业现有的危机沟通系统和流程确实有助于处理严重事件。

重要提示

每种危机的具体情况都各不相同，都有其独特之处。第1章提到的情境计划很重要，但它永远不能作为危机处理的脚本。要想成功管控危机，危机沟通专家需要保持开放和探索的心态，能够快速思考、迅速分析数据和当前情势，并且正确提问，以便支持评估工作并提出多种解决预案。关键就在危机沟通专家有多了解现有危机沟通计划的结构和流程，并且能在测试和执行计划时给自己留有自由思考的余地。

剖析危机

危机可分为两大类：运营危机和声誉危机。管理这两类危机的方法是相似的，但在具体了解危机的构成时，企业有必要对这两类危机做出区分，这点至关重要。危机沟通专家要具备剖析危机的能力，能够充分了解导致危机的事件，并且看到当前危机和其他情况的不同之处，这一点对制订危机沟通应对措施和安全进入复苏阶段的计划来说都非常重要。

运营危机

运营危机是指发生在企业或组织所处环境中的事件，要么是受到国际事件影响，要么是第三方机构所致。这个事件或危机状况是真实存在的，而且企业或组织已经深陷其中。诸如火灾、洪水、传染病和其他各种自然灾害、恐怖袭击或骚乱等这一类危机，通常应由企业的初级响应人员处理。

它也可能涉及运营流程中的基础故障，如生产线发生故障、产品污染、服务失败。在许多情况下，可靠的企业或组织将是制订危机应对措施的核心，因为危机是整个企业或组织的问题，比如对危机进展中的公共叙事进行主导就需要整个企业或组织参与。不仅如此，每个企业或组织都可能因为某些关联而卷入他方事件。只要出现天灾人祸，无论是企业或组织还是所涉及的相关人员，都可能被拖入危机。例如，在2017年夏天的伦敦桥恐怖袭击中，租给袭击者车辆的公司就因此突然陷入危机。他们被问及为袭击者都做了些什么，还知道些什么，以及他们参与其中的程度。如果不能严谨地处理危机事件，并且牢记危机沟通的原则，就很可能会给有关公司造成声誉危机。

声誉危机

第二类是声誉危机。声誉危机仍然具有危机构成的那5个因素，其影响可能包括股价损失，以及对消费者、员工和所属社区的影响。这种情况仍然需要通过行动来减缓、管理和应对。

但声誉危机并不具有物理层面的真实性，它可以根植于对组织、企业甚至首席执行官的个人情感。这类危机通常会在虚拟的数字世界爆发，社交媒体上对此会出现各种议论，使其发酵成为舆情事件。还有一种可能是媒体对企业或其经营方式的态度和立场导致的声誉危机。声誉危机可能涉及企业内部员工的行为举止，员工可能因为他们的工作方式、行为方式或对情况的反应方式引发危机事件。例如，国际金融危机过后，唱片

商店HMV就沦落到裁员的境地，当时，有一名心怀不满的员工登入该公司的推特账户发帖讲述正在发生的事，迅速将该公司推入需要危机沟通响应的境地。

这场声誉危机虽然只是根植于人们的看法，但仍然存在与运营危机相同的潜在影响，包括股价损失、声誉损失，以及对消费者、雇用者和更广泛的社区的影响。只不过声誉危机并不会必然涉及任何实际发生的事。我们不仅生活在现实世界，也生活在虚拟世界，品牌和企业必须能够同时应对在这两个世界中发生的危机。伴随着社交媒体和数字化平台的蓬勃发展，人们随时都可以公开表达和传播有关任何情境、事件和议题的个人见解，当然也包括对某些企业的看法，而最后这点对于企业的危机沟通专家来说就会显得尤为重要。如果人们对服务或产品不满意，可以发帖提出自己对涉事企业是否存在不当行为或腐败的看法，可以对他们认为不应发生的事提出质疑，或者针对事情原本应该如何发展而表达自己的见解。

他们会讲述个人故事，而这很可能将最普通的问题升级为波及整个国家甚至国际媒体的风暴。如果危机给个人制造了特别严重或不必要的麻烦，那么公众的同情心将会助推社交网络和媒体反应，迅速将危机状况螺旋式上升为全面的声誉危机。此时，企业采取的应对行动是迅速的还是滞后的，将会决定一个小问题是否会愈演愈烈而成为一场危机。重要的是，这类危机是由观念造成和助长的，这些观念首先来自涉事者的看法，然后是更广泛的公众、社区以致社会的看法。危机一般源自企业内部人员的行为举动，因此，企业内部的危机沟通专家就需要识别出这种正在身边出现的危机，而这项工作反而更具挑战。而应对的关键是要做好准备，我们在第1章中已经谈过这点，要通过计划和测试来应对那些对企业声誉的攻击。要深入了解企业，搞清人们对企业的看法、企业在市场上的声誉状况，以及一线服务的具体情形，这些对于及时发现这场正在发生的危机至关重要。如果危机沟通专家对企业的理解不够，对什么可以被归类为正常运营一无所知，那他们将无法向企业提供有关声誉危机的早期预警。我们将在本章后续进一步讨论这个问题，届时我们会探讨危机沟通专家存在的重要性。

人们拥有发表个人观点的自由和渠道，这就会顺理成章地为"假新闻"的泛滥提供机会。"假新闻"是一种错误信息，通常是人为制造的，目的是针对企业或组织的某个经营情境、相关事件或潜在业务造成负面影响，其范围可以从描绘各种骇人听闻的状况到捏造出全部事件。首先危机沟通专家需要知道"假新闻"存在于数字和社交媒体世界，但它也可以渗透到更传统的主流新闻媒体。他们必须警惕这样一种可能性，即

社交媒体中正被分享的问题和意见很可能是出于一种别有用心的目的，即诋毁企业声誉或对企业的运营造成负面影响。这可能听起来有点像"马基雅维利式民主"**❶**的阴谋论，大多数危机沟通专家或许都没有这方面的经验，但是，这种情况确实会对品牌和企业构成现实威胁。因此，危机沟通专家需要保持开放的心态并且特别留意细节，包括正在发生事件的叙事，这些对危机沟通专家来说都很重要。有效处理"假新闻"并非易事，第3章讨论危机应对举措时将会就此深入探讨。

 ▶ **美国联合航空公司**

　　2017年4月9日，美国联合航空公司（United Airlines）的一架航班引发了社交媒体风暴，迅速演变成一场声誉危机。从美国芝加哥起飞的3411次航班已经超额预订，美国联合航空公司通过向乘客提供代金券的方

---

❶ 在西方当代民主中，即使选举式民主，也不能保证公众选出的公职人员回应选民的政治意愿和政治期待，甚至给政治精英和经济精英以可乘之机，以损害公共利益来充实自身财富。这就是通常所称的"马基雅维利式民主"。——译者注

式试图让他们放弃本次航班。但是，没有一名乘客愿意接受代金券，因此公司就挑选了4名乘客，在他们不情愿接受的情况下将他们赶下飞机。其中一名乘客拒绝放弃座位，安保人员竟强行将他从飞机上带走。

这一事件的视频被航班上的其他乘客录制下来，随后发布在社交媒体上并被迅速传播开来。这起事件和美国联合航空公司的行为遭到政府高层的批评。第二天，美国联合航空公司的首席执行官发表了一份声明，他在声明中写道："这次事件令美国联合航空公司的全体员工深感不安，我很抱歉想要重新安抚这些乘客。我们的团队正在采取紧急行动，我们会与当局合作，就所发生的事件进行详细的自我审查。我们还将联系这位乘客，直接与他沟通，从而进一步处理和解决问题。"

社交媒体上传播的视频显示该乘客被拖下飞机时，他的头撞到了飞机的扶手，而美国联合航空公司的声明中的措辞却显得不近人情，似乎只是为证明强行把人带离飞机的行为具有合理性。而且，这位首席执行官还向本公司的员工发送了一封公司内部电子邮件，用语似乎是在支持员工行为，并批评这名乘客没

有保持沉默和听从安排。结果，这份内部邮件的信息被传播到公司外部，并见诸社交媒体的报道。直到两天后，美国联合航空公司最终再次做出道歉，并发表了一份更具悔意的声明，称其将进一步审查和整改。同年4月11日，美国联合航空公司的母公司市值损失近10亿美元，虽然第二次道歉声明确实部分地恢复了股价，但公司市值最终仍下降了2.5亿美元。

危机应对分析

这一事件在社交媒体上曝光时，美国联合航空公司的危机沟通团队应能迅速发现，并能洞察该事件可能对公司声誉造成的影响。一位训练有素的危机沟通专家应会建议这位首席执行官从一开始就要采取不同的应对方法。这一事件具体过程和相关处理流程的视频看起来都很不近人情，该行为在乘客和公众心目中永远是不正当的。危机沟通专家本可以调整声明中的措辞，使它更人性化从而贴近公众情绪。他们还可以承诺道歉的行动，分享更具同情心的叙事，并推动首席执行官与受委屈的乘客会面，以显示公司对该事件是有担当行动的。

公司对事件的明确回应出现得很慢。事件发生两天后，首席执行官才最终致歉，并表示会检讨。这就显得是在困难情况下被动接受媒体采访，试图夺回一些公众的好感。而假如危机沟通应对得当的话，确实能减轻危机对公司声誉的损害，前提是企业能认识到发生的问题是不该发生的，并从中审视问题和吸取教训。

① 监控社交媒体，并提醒管理团队留意批评言论。

② 声誉危机可能会对企业产生重大影响，包括其股价和市值。

③ 确保快速做出回应，避免社交媒体上出现这种情况。

④ 倾听公众对所发生事件的看法，并据此发表适合的声明。

⑤ 尽快收集事实信息，确保对公众问题的回应能够实事求是。

⑥ 危机沟通专家应该从第一次警报到整个危机过程都始终与首席执行官或公司发言人一起工作，确

保协调所有的沟通活动，包括公司内外部的沟通，以及和利益相关者的沟通。

⑦ 危机沟通专家可以成为危机应对的黏合剂，支持高管团队，并与法律和人力资源部门一起提出建议，以制订能够被公众接受的回应方案。

危机应对准备的重要性

在危机应对过程中，至关重要的是所有企业或组织都要设有一套系统来识别各种工作风险，这些风险可能来自运营流程、人员配备、利益相关者或其他运营活动，企业或组织需要确保能够设法捕获这些风险并采取适当的减缓措施。这些都很重要，应纳入运营计划过程，并由企业或组织最高层通盘考虑。首席执行官不应对所领导的企业或组织可能面临的风险一无所知。上一章讨论了首席执行官在应对危机中的领导作用，建议首席执行官直接参与制订危机沟通计划，虽然他们可能会将责任委派给企业或组织的发言人。风险管理流程与危机沟通计划要齐头并进，在业务各部分中都占有一席之地。危机沟通专家在开发风险管理方法方面应发挥关键作用，但如果是在由风险管理专业团队承担这项工作的较大组织中，可能就不需要危机沟通专家来领导这项工作。

风险管理是一项需要详细分析和评估的业务，风险管理包括5个阶段：

（1）了解业务背景。

（2）识别风险。

（3）评估风险。

（4）评估风险及其可能对运营造成的影响。

（5）建立减缓措施，预防或降低风险。

危机沟通专家需要了解企业或组织可能面临的风险，以帮助企业或组织制订危机沟通计划。风险会出现在可能演变为危机的各种情况下。但是，除了要了解这些业务风险，危机沟通专家还需要重视潜在的声誉风险。正如我们所见，企业或组织也很可能面临声誉危机。

这一过程可能涉及制订风险管理矩阵或以沟通为重点的风险管理计划。而被引入的任何系统都需要和企业或组织的风险处理方法无缝衔接，并且能够支持危机沟通专家在这项工作中承担起自己的责任。

危机沟通计划必须立足于充分了解可能出现的业务风险之上，列出所有这些风险，清晰评估每项风险对企业或组织来说

意味着什么。如果可以让企业或组织内部的所有部门、机构和单位来共同汇编这些信息，就能提供最全面的风险清单。企业或组织内部的生产或服务交付的每个阶段都应该采取系统的方法，分解各部分所面临的威胁和风险，以便更好地控制风险。或者，企业或组织也可以只要求业务中的各个部门和单位提供各自的风险清单，如图2-1所示。一旦企业或组织掌握了风险清单的全貌，下一个阶段就要考虑潜在的影响，包括可能对自身业务和声誉造成的影响，以及出现风险的概率。这可以在评分基础上进行，也可以直接在低、中、高这三种风险级别中选择，也就是给企业或组织内部最可能出现的风险进行最终评级。通过风险分析，企业或组织就能获得最终评级结果，再通过使用各种评分手段，企业或组织便可总结出最合适的控制风险的方法。

整个过程的关键阶段就是找到可行的减缓措施，以防止风险的发生、发展直至积聚演变成真正的危机。危机沟通专家在这个阶段可以尝试承担所有评分中确定的最高风险，看看可以通过做些什么来阻止其发生。例如，如果其中的某项风险是与生产制造过程中出现的故障有关，那么降低风险的方法就是制订一项设备维护计划，以保障机器的正常运行。虽然具体工作并不在危机沟通专家的职权范围内，但这确实也是危机沟通专

风险	卷入事件	影响	缓解措施	评级
网站故障	可能被黑客攻击或信息技术出现故障导致网站瘫痪	缺乏沟通渠道和销售渠道	启动全面的安保计划，逐步测试，并保留备份。最后一个选择是致力于通过社交媒体渠道进行信息传递	
信息混乱	一线员工向客户提供不准确或不适当的资料	对销售或客户信心产生影响	制订有关员工危机沟通计划和危机沟通计划的核查清单，确保能最先获取事件的准确信息和事态的更新	
利益相关者投诉	重要个体或机构对公司业务的投诉	对其他利益相关者或客户信心产生影响	在首席执行官和管理团队的支持下，制定健全的公共事务战略	
问题反应迟缓	信息传递缓慢会让人们开始自行评估公司情况	损失公众对公司业务和沟通能力的信任	开发用于管理警报通信和更新共享的流程。确保首席执行官和高级管理团队理解流程并给予支持	

风险	可能性	影响	评级
信息技术系统崩溃			
工厂停工			
客户抱怨			
线上挑衅者			
网络攻击			

"可能性"："不可能"是肌色，"可能"是柑子色或金茶色。

"影响等级"：低冲击肌色，中等冲击柑子色，严重冲击金茶色。

"评级"将考虑已采取的任何缓解措施，如上面的例子所示，影响始终是主要的评估。

图 2-1　以沟通为中心的风险管理计划示例

家需要考虑的内容。

　　针对声誉风险，危机沟通专家应该确定需要采取的减缓措施。假设有一位对公司心怀不满的员工在社交媒体上发表有关公司的负面评论，针对这种可能性，降低风险的方法可能就是加强内部沟通并促进员工参与。危机沟通专家还可以建立一个全面的社交媒体监控系统，用来针对在社交媒体上发布的不利评论做出早期预警。发现并降低风险是一个复杂的过程，需要做大量工作，但只要措施采取到位，监测和维护所需的时间就会少得多。对风险进行季度审查可以让企业或组织了解哪些潜在风险可能增减，同时考虑采用哪些减缓措施并进一步发展它们，这将有助于为个人和企业的长期发展做好准备，有利于塑造企业或组织的心态，使其保持随时准备应对危机的状态，这是制定有效的危机沟通应对战略的一个组成部分。

　　无论危机何时出现，事先做好准备都是实现最佳应对的必要条件。本书第1章概述了这一点，详细说明了测试和制订测试或演练情境计划在创建危机沟通计划中的重要性。危机沟通专家仅为关键事件做好准备是不够的，整个业务流程都必须为意外事件做好准备。有很多方法可以让人们做好应对危机的准备。至关重要的一点是，即将参与危机沟通的每个团队成员都要意识到风险矩阵中的风险，更重要的是理解已经制订的减缓措施。信息需要被共享，并且要允许团队成员讨论和思考这些风险及相应的减缓措施是什么，这将帮助他们定期进行沟通，并把最小化的工作纳入主要工作流程中。危机沟通团队在提高员工敬业度的过程中扮演着关键角色。危机沟通团队需要定期召开团队会议和个人会见，强调企业或组织所面临的风险、应对措施和危机预案。制订一个"前风险"计划或许也值得考虑，它要涵盖危机沟通团队目前发现的可能会成为声誉风险的情况和问题，具体做法是可以列出潜在的危机事件应对清单，或是可能出现的危机事件的清单。参与思考问题和考虑应对措施的员工人数越多，在问题或危机出现时团队就越容易充分应对，因为这些员工事先已经熟悉了危机发生时的状况。

　　一支经过训练和准备的团队可以在面临危机时提供战略指导。团队如果没有准备、发展和磨炼其应对方法，就不能在危机期间最充分地发挥实力并达到最佳状态。在危机应对阶段，团队领导者貌似没有额外精力来考虑如何提高生产率，但事实并非如此。进行危机训练和危机应对准备工作有助于建立高效团队，增加运营的复原力，并将有助于发展团队使其能够开始进行战略性思考，而不仅仅是专注于危机沟通的战略。在确保最终为危机做好准备的同时，这方面的投资可以支持危机沟通团队的发展，并建立起一种持续学习的组织文化。

企业或组织的危机应对方法应该是定期召开风险管理会议，将法律、运营、客户服务、人力资源、财务和沟通等业务部门的主要负责人召集起来，考虑风险矩阵和缓解措施。这也是一个重新考量危机沟通计划的宝贵机会，并且能够借机强调"个人"在危机应对中需要发挥的作用。危机沟通专家可能需要推动这项正在进行的开发工作，并详细说明有效管控危机会给企业或组织带来的潜在利益，从而让应对措施直达业务底端。分享企业或组织通过管理风险和危机而成长或倒退的例子，将会加快把风险管理和危机准备提升到企业或组织的议程上来的速度。如果缺乏准备，那么危机沟通专家就应使用影响力技巧将其提上日程。重要的是记住危机计划测试和实践的价值，把它与风险管理工作共同作为支持业务发展的完整应对方案。

危机沟通专家的角色

危机沟通专家团队在所有企业或组织中都具有独特地位。他们是仅有的能够看到问题全景的业务部门，这主要是因为他们的职责就是找到可分享的积极故事和可能需要处理的问题。除了首席执行官和高层团队，没有其他部门能获得这种全景式的研究权利。危机沟通团队的领导每天都应充当首席执行官的特别顾问，如果做到这点，那么在危机期间提供建议就更容易有效。在制订危机沟通计划时，危机沟通专家在准备阶段能够扮演5种关键角色：

（1）危机沟通专家可以支持企业或组织战略的发展。

（2）危机沟通专家可以成为首席执行官在领导危机应对时的重要伙伴。

（3）危机沟通专家可以为潜在的危机提供预警系统。

（4）危机沟通专家可以指导企业或组织建立危机应对流程。

（5）危机沟通专家可以成为各方面危机应对工作的黏合剂。

如果我们依次查看以上每一个角色，就能了解危机沟通专家承担的角色所需要的技能、经验和知识。

危机沟通专家可以支持企业或组织的战略发展

本章前面概述了风险管理流程的重要性。在处理可能影响业务的负面问题和事件的方法中，这个系统可以成为其整体的基础。正如我们已经看到的，危机沟通专家在这项工作中扮演

着关键角色，如果需要，他们会介入风险管理流程以支持其在业务中的集成。这项工作虽然不是严格意义上危机沟通专家的责任，但从长远来看，这将使危机沟通团队受益，并支持相应的流程开发活动。在考虑风险并制订减缓措施和合适的计划后，这将成为一项面向未来的投资。然后，整个企业或组织可以利用这项工作快速转换到危机应对模式。正是通过这项工作，危机沟通专家逐渐能够支持组织战略的发展，并被视为业务的关键战略职能。这项工作的重点在于明确，对于组织战略发展和企业长期成功运营来说，创建风险管理流程和危机计划都是不可或缺的关键部分。

危机沟通专家可以成为首席执行官在领导危机应对时的重要伙伴

前一章已经提及，首席执行官的角色在危机应对阶段至关重要。作为危机应对的代言人，在严峻问题或事件发生时首席执行官很可能会深感孤独。他们身边需要战略顾问为他们提供关于危机应对的充足信息，使他们能够做出有关应对运营危机和声誉危机的合理决策。危机沟通专家的作用是陪伴首席执行官，为他们及时提供危机应对方法和帮助，以确保首席执行官在危机沟通活动中获得恰当支持，彰显其领导地位。危机沟通专家会就运营危机的应对决策对企业或组织声誉可能造成的影响为首席执行官提供参考意见，并作为首席执行官的盟友在制订危机应对措施之前为其提供行动建议。例如，当企业或组织决定不召回"次品"时，危机沟通专家就可以强调该决定对企业或组织声誉和顾客信心带来的潜在不利影响，所有关于危机应对的决定都会在某种程度上影响人们对企业或组织的信心，并最终影响危机沟通。首席执行官应该采取那些更有可能维护和提高企业或组织声誉并能将危机损害降至最低的行动。另外，为了能够在危机中成为首席执行官的关键伙伴或战略顾问，危机沟通专家必须在平时就与首席执行官和高管团队建立积极的工作关系。

危机沟通专家可以为潜在的危机提供早期预警系统

为企业或组织提供支持的危机沟通团队或个人都应建立一种（预警）系统，通过这个系统能够定期监控和审查在传统媒体和社交媒体中有关企业或组织的报道。他们应该了解顾客或使用者的意见，定期监测企业或组织声誉。如果这项工作正在进行，那么危机沟通专家应该能够描绘出需要采取减缓措施的风险，或者识别有可能升级的批评或负面评论。如前文所述，企业或组织内部的风险管理流程提供了需要采取的减缓措

施的风险或者识别有可能升级的批评或负面评论的途径。然而重要的是要记住，问题可能随时发生，危机应对的速度对于能否取得积极的干预结果至关重要。危机沟通专家要始终抓住机会强调需要关注的问题，而不是假设已经有人让高管团队意识到了这些问题。

危机沟通专家可以指导企业或组织建立危机应对流程

制度和流程构成了危机管理的基本框架。投入时间以确保风险管理、业务连续性和危机管理成为企业或组织业务的基因，这一点至关重要。如果这些要素没有到位，或者没有提前在企业或组织内部进行讨论，那么这就是危机沟通专家需要去做出改进之处。他们可以强调如果未能妥善处理危机会对股价、对客户信心甚至企业或组织招聘等方面造成的潜在影响。毕竟，一个因危机管理不善而受到严厉批评的企业或组织，对员工来说不会有什么职业吸引力。如果能够使用从经历过危机的企业或组织中获得的数据和经验，就可以帮助高管团队构建一种令人信服的叙事。一旦获得支持，危机沟通专家就能够帮助企业或组织搭建危机的应对框架，以确保它在危机发生期间为危机沟通和企业或组织声誉管理提供最大限度的支持。

危机沟通专家可以成为各方面危机应对工作的黏合剂

危机沟通专家最擅长的就是快速进入工作状态，收集数据、分析情况并做出回应。当问题或事件出现时，这些技能就可以闪亮登场。危机发生时，危机沟通专家要处于主导地位，管理好其声誉对于企业或组织取得成功至关重要。这意味着那些具备得力装备并做好充分准备的危机沟通专家应该当仁不让、挺身而出，把一切成功应对危机所必需的因素联系起来。为了能够提供最合适的危机应对方案，危机沟通专家必须了解问题或事件，以及它对所有相关或受影响的人意味着什么。危机沟通专家必须了解企业或组织的反应，了解危机可能经历的阶段及其发展历程。也就是说，危机沟通专家在危机应对中占据了一个强有力的位置，这为危机沟通专家提供了一个机会，他们通过指导危机应对活动，找出其中所有薄弱之处，从而充当危机应对工作的黏合剂。这听起来可能有些异想天开，但如果危机沟通计划和准备工作已经展开，并且本企业或组织处于一种有效率的准备状态，这种机会将变成现实。

危机沟通专家的任务可不仅仅是撰写企业或组织声明，或者是为企业或组织发言人提供支持并回应社交媒体评论。由于他们能够看到整个业务的更大图景，所以这个角色正拓展到企业或组织的战略层面。危机沟通专家需要接受培训，并准备好在危机出

现时守护好这个角色的阵地。在危机发生时，危机沟通专家应走出职责的舒适区，这将会展现危机沟通团队在未来的长远价值。

在此之前，我们已经讨论了危机沟通专家团队成员和即将参与危机应对的人员所需的培训。他们需要进一步的专业发展，以确保自己做好准备，加快步伐，并在危机来临时做出应对。建议所有的危机沟通专家都要有一个持续的职业发展计划来支持其整个职业生涯，其中应该涵盖实践和行动方面的技能培训。在可能的情况下，危机沟通专家及其直接领导都应明确需要改进的薄弱环节和需要积极进步的领域，以便持续成长。在这场关于危机沟通人员个人发展的讨论中，必须考虑危机沟通技巧。

要想做到从战略高度来应对危机，其中所需的技能范围很宽广，包括谈判、说服技能、系统思维、数据分析以及领导力发展，还包括复原力和对风险管理的理解。所有这些技能都会在日常进行的危机沟通演练中发挥作用，但其价值在危机时期才真正彰显。首席执行官必须拥有信心，即企业或组织内部危机沟通团队和危机沟通专家已准备好在危机发生时为企业或组织、首席执行官和发言人提供支持。更重要的是坚信，危机沟通团队将在整个危机期间以最有效的方式运作，也包括帮助企业或组织迈向复苏。

案例
研究

TALK TALK 公司

2015年10月，TALK TALK公司遭遇黑客攻击，据估计，多达400万个客户的信用卡和银行账户明细被盗。当时的首席执行官迪多·哈丁（Dido Harding）在接受采访时表示，这是一起黑客发起攻击并索要赎金的事件，而她承认这些数据可能未经安全加密。这已经是该公司第三次暴露出安全漏洞，第一次是在2014年12月，第二次是在2015年2月，第三次是2015年10月的这次黑客攻击。该公司最初并没有意识到被黑客攻击，只发现网站运行缓慢。有人批评说，员工没有将有关入侵的信息立即提供给负责调查的信息专员，而且该公司告知客户的速度也很缓慢。

该事件的影响就是该公司的股价受到打击并下跌了4%，估计该公司的总损失最终达到7700万英镑。2018年11月，两名男子因参与3年前的黑客攻击而入狱，这些数字才最终曝光。

学习
要点

① 要审视所有影响公司运营的严重及危急事件，以确保发现之前存在的问题并改进系统和流程。应该健全与风险和危机相关的风险管理计划和沟通措施且定期更新。

② 确保对系统进行测试，以及沟通经理和公司高层能够了解威胁并认识到问题。

③ 让所有部门都参与到风险管理流程中，清楚当遇到危机时有可以求助的合适人员。

④ 首席执行官需要倾听重要的经理和部门人员的心声。在事后一次演讲中，TALK TALK当时的首席执行官迪多·哈丁表示，这对她来说是一次重要的学习机会。

本章小结

有效的危机沟通首先需要企业或组织理解究竟是什么造成了危机，并相信危机沟通专家能够在危机出现端倪时就识别出来。如果能够做到这点，就将为企业或组织赢得采取行动的宝贵时间，从而规避危机，或是主动做好应对危机的准备。发展这项危机识别技能可能需要时间，但可以选择相关的培训课程进行学习。发展危机识别能力的最好方法就是观察其他经历过危机的企业或组织，看看他们在危机出现时都做了些什么。这很容易实现，因为危机沟通会即时呈现给公众。企业或组织还可以参考社交媒体上的讨论和媒体的报道。无论是国际危机，还是影响某个国家和地区的危机，都会在相关论坛上有所讨论。

未雨绸缪是有效实施危机沟通战略的关键。等到突发状况来临时才开始学习危机沟通或制订相关计划，则常常会感到捉襟见肘，为时已晚。企业或组织应该现在就投入时间准备，等到企业声誉面临问题或者危机真正来袭时就会有所裨益。

危机沟通专家进行的危机沟通准备工作的核心就是确保了解合作企业或组织的风险管理方法和系统。有些危机沟通专家可能会感觉这些距离自己的职责很遥远，但实际上它们对危机应对会产生直接影响。危机沟通专家要持续关注并记录企业或组织的潜在风险和已采取的减缓风险的措施，这些信息很有价值，要善用其中的数据为危机沟通计划和演习提供信息。危机沟通专家要将危机沟通作为重点来制作自己的风险登记簿，记录下可能影响企业或组织声誉的关键问题和事件。

　　如果危机沟通专家了解什么是危机以及风险管理的方法，那么他就更有能力处理出现的风险，以确保它们不会演变成危机。危机沟通专家需要明确如何提升警戒水平，以及业务中的哪些令人担忧的地方需要强调，以便把应对措施落实到位，从而最大限度地减少爆发全面危机的可能性。危机沟通专家在所有企业或组织中都扮演着重要角色，他们也需要强化自己在管理危机方面的领导力。

第 **3** 章

危机应对方法及危机应对与沟通的关系

　　危机应对的核心是企业为处理发生的事件所采取的行动。如果缺乏恰当的行动，即便措辞是经过精心设计的，或是采用更加积极主动的沟通战略，危机应对也很难奏效。此处危机沟通专家的作用在于，他们能够提供战略建议，评估人们对企业行动的看法。危机沟通专家的洞察力十分宝贵，可以帮助企业了解行动可能对企业声誉造成的影响。本章之后还会讨论为什么在危机应对期间不应将维护声誉作为运营和沟通活动的唯一目的。

　　在上一章中，我们讨论了如何识别危机以及危机沟通团队和危机沟通专家作为早期预警系统中的角色，以便于在危机发展早期识别可能出现的问题。然而，尽管企业尽全力做出准备和降低风险，但危机仍然可能发生。而正是危机发生的最初几分钟、前一个小时或者前一天的应对行动，将会决定危机的走向，企业可能进退自如并抢占先机，也可能被动地陷入持续的压力中，直至危机对业务造成损害。如果企业已完成了之前讨论的工作，那就应已准备好一份与业务目标清晰相关的危机沟通计划，这正是第1章涉及的要点。在危机出现时，该计划将作为危机沟通应对的重要支持。如果企业需要在短期内实施计划，就应该提前做好一切准备工作，这样才能减轻自身压力。

　　成功的危机沟通需要很多技能，但最重要的是能够在压力下保持冷静。防患于未然就显得尤为重要，因为企业已经了解应对危机的框架，也很清楚如何充分利用它来做出合理应对。处理危机的危机沟通专家需要冷静且自信，这将有助于安抚首席执行官（无论他是否是危机沟通的发言人）和其他高管的应激情绪。这种冷静也会传递给其他共事的员工。如果能够做到心平气和，危机沟通人员就更有可能清晰地把握决策过程，利用冷静的逻辑思维来安排合理的危机应对步骤。而且，这种冷静、稳定的态度也恰好符合企业提升复原力的要求。

起步阶段

早期预警

　　早期危机预警可能来自企业的多个部门，可能是运营团队发现了问题，也可能是人力资源部门或者法律团队发现了问题，又或者像前面提到的是沟通团队的企业声誉监测系统发现了问题。无论是哪个部门识别出了问题，首席执行官和高管都要宣布企业正面临着危机或重大事件。本章之后还会谈到军队和紧急服务部门如何遵循明确的程序来宣布严重事件，并随后

启动系列应对措施来落实必要行动。这种正式的、结构化的方法将为所有企业管理危机提供有用的指导建议。

在宣布发生危机时，企业的应对措施应当是掌握方法，确保已经采取行动，并向参与危机应对的各部门通报情况。也就是说，当问题出现时，系统能够通过一系列行动让各运营部门代表都收到警报，从而确保全员准备就绪。使用移动通信技术可以很容易实现这点，该技术能够确保各个高级别的关键团队都接收到有关危机情况的通知。团队成员可以使用手机短信、企业工作群或其他移动通信产品来发送消息。关键是要找到能快速传递消息给个人的工具，并且尽可能减少中间环节。

然后，每个团队或部门的主管都可以参考相应的危机应对计划，开始执行应对措施，并针对计划大纲确定可能需要调整的细节。危机沟通专家应该最先收到危机警报。危机应对的重点是就已经发生的事件迅速做出反应，必须设法让人们了解企业已经发现了问题并在尽快努力做出处理。想象某家技术供应商的系统出现中断或者某银行的系统发生故障的情况，在早期阶段相关企业往往会受到严重批评，因为他们并没有意识到发生了问题，同时客户也都被蒙在鼓里。只有当社交媒体开始公开讨论相关问题时，企业才会如梦方醒。而且，在很多情况下，愤怒的客户发布的评论将会在社交网络上引发公众对企业的不满。同样是这种情况，假如企业的危机沟通专家能够快速开展应对工作，在应对计划中敦促他们所代表的企业迅速行动，而不必经过多层审批，那这一切问题都可能避免。

核对清单

第1章介绍了危机沟通计划核查清单，其中列出了最初阶段的必要行动。所有初始行动的重点都是从应对问题的一线人员处获取有关事态进展的明确信息。危机沟通专家必须了解有哪些信息可用，这些信息是否精准，哪些信息尚不确定，以及在这种情况下可能会引起哪些后果。然后，危机沟通专家就可以凭借自身经验来估计公众可能持有的看法以及该信息在早期阶段对企业声誉造成的影响，从而对目前的信息进行补充。在详细掌握和理解这些情况之后，危机沟通专家就能迅速构思有关危机沟通叙事的合适措辞，并且让公众感到信任和安心。接下来，危机沟通专家就可以制订计划，说明可供发布的信息、运营应对的关键时间点、必要的基本信息以及为事态发展所做的准备。即使当前形势尚不明朗，危机沟通专家也要尽最大可能获取有关事态发展的最新信息，尽可能了解更多的真实情况。

获取真实信息

危机沟通专家或许会对危机的不确定性深感忧虑，比如银行系统崩溃的案例。在这种情况下，涉事银行可能不清楚出现问题的原因，也不知道需要多长时间才能有效地解决问题，却需要进行有效的危机沟通，这是很有挑战的任务。即便情况还不明朗，但危机沟通专家依然需要明确必要的关注点：首先，该银行应该迅速发表声明，承认内部出现了问题，告知公众企业目前采取的行动，这将有助于安抚人心，并让人们了解企业已经意识到问题并且正在处理。在危机的早期阶段，这项措施非常重要。在危机应对所需信息尚不充足的情况下，企业可以和公众分享的重要内容具体包括危机应对团队的规模、针对客户的替代方案以及人们如何获取最新消息等。请记住，企业需要持续向自己发问的问题是"为什么不能发布信息"，而不是"是否应该发布信息"。这样才会有助于创建一种公开透明的应对方式。

第1章的核对清单中曾提到应急包，其中包括为率先应对危机的危机沟通专家准备的一切必要且重要的信息，假如沟通团队需要在日常工作以外的情境中进行危机沟通应对，就可以充分利用这个应急包。同样，在危机发生的最初时刻，危机沟通专家需要紧跟制订应对措施的运营领导，并为将要充当危机沟通发言人的首席执行官或其他高管提供指导。危机沟通专家需要从最开始就参与讨论有关需要采取的运营行动，以确保自己能够参与决策制定。如果这些运营活动会带来负面影响，危机沟通专家就能及时提出针对企业声誉问题的担忧点，并将这些告知首席执行官，从而确保首席执行官能够获得一切有利于制定正确决策的相关建议。

撰写计划

一旦收集了尽可能多的信息，做好了首份危机声明，并开始制订危机沟通计划，那么，企业就应开始考虑让利益相关者参与进来。如果能够与对企业来说最关键的利益相关者快速取得联系，就将给企业带来长远的利益。因为，这样做能够确保利益相关者在更大范围的公众知情之前就获得信息，至少是可以同时知晓，以便接受社交媒体访问时已经掌握充足的信息并做出应对。在这个早期阶段，向全体员工提供公开信息和最新情况也很重要。第4章和第7章中会更多地探讨这个方面。企业员工理应在公众获得信息之前就得到消息，以便充分了解危机详情及其职责所在，从而有助于针对问题及其后续的发展达成一致性公共叙事。

赢得支持

从更具操作性的角度来看，在发现危机并且为企业的整体运营提供一致性应对之后的最初几小时，同时也正是对某些进展中的业务流程进行重设的重要时刻，流程重设工作会有助于未来的危机沟通管理。首先，危机沟通人员要充分认识到，想要有效应对事件，危机沟通团队就需要获得必要的资源。如第1章所述，在危机爆发后的几小时、几天或几周内，危机沟通专家可能会召集一系列人员来协助自己进行危机沟通。危机应对流程要及时运转，确保必要资源到位以及危机沟通人员在必要时能处于24小时备战状态，他们需要担任危机沟通计划中重要的角色及肩负巨大的责任。

根据危机的规模，最初1～5小时的应对可以由核心员工小组提供，随着时间推移，企业就需要采取更多行动，也就需要和其他员工共享更多信息，这正是有效沟通应对的基础。永远不要低估危机发展的速度和管理危机沟通战略所需的人力。另外，企业不要忘了建立危机沟通日志系统，记录公开发布的内容、做出的所有决定和授权及授权者。

危机应对团队应该能够获取这些信息，从而清晰地知道可以在社交媒体上回答哪些问题，并且知道他们何时会获得信息更新。企业可以通过网络共享磁盘驱动器或在线文档之类的技术手段达成，根据内部安全系统来确保相关文档的安全性。在问题或事件发生后，采取的应对行动将会接受某种形式的审查，这就需要企业能够提供一个有关危机沟通活动的清晰叙事，包括做了什么和为何而做，以及这些行动带来的巨大优势。如果企业在事后才试图回忆这些内容，就会发现很难精确记忆具体做了什么以及什么时候做的。日志看似只能提供最基本的信息，但如果没有它，随着更多人参与到危机沟通应对中，这个危机应对团队就很容易失去危机叙事的一致性。

首份声明

企业应对危机的首次沟通行动非常关键。正如前面提到的，如果能以正确方式构建出恰当的危机沟通情境，就更可能在危机结束后取得积极效果。首次有效沟通能够维护企业声誉和公众信心，并提升企业的生存能力。企业要确保危机声明体现出自身对事态发展的恰当认识，同时要说明自己正在积极采取行动来应对危机。首份声明还应表明：随着事态发展，企业将会给公众提供更多的相关信息。也就是说，企业做出的第一份声明并不需要面面俱到，但及时发布声明将会为危机沟通专家带来更多的优势并争取到宝贵的应对危机的时间，以便进一步收集关于事态发展的完整信息。具备这些条件，才能进行更

多的信息披露，同时避免为公众提供虚假的或不准确的信息。

重要提示

应对危机时，企业需要尽可能精简批准发布声明的流程，参与审批的人员越少越好。因为声明需要快速撰写、获准和发表。企业最好在制订危机沟通计划和准备过程中就开始讨论首份声明的内容。首席执行官和高管团队应就某些声明的模板达成一致，届时可适当调整来适应当前状况，而不需要再申请批复。不过，如果必须获得审批，那应当只设一位审批人，他必须清楚自己需要即刻批复。

如有可能，首份声明应在事件或问题出现后20分钟内发布，而且越早越好。危机沟通专家应该始终致力于赢得企业高管的信任，从而能在处理危机时随机应变，节省请示时间。

危机或局势会不断发展，届时就需要企业不断做出更详尽的声明和公告，在这个阶段，企业高管对危机沟通专家的认可就变得更加重要。负责具体运营行动的人士需要在场，以确保能够发布准确清晰的信息。在这个时间节点，企业也应该提及遭受危机影响的相关人士，声明要聚焦在危机对"人"的影响上。首份声明就可以涉及这点，鉴于初次发表声明时很可能还缺乏对更多细节的了解，所以尽可能对尚不清楚的内容不予以添油加醋。但是，可以确定的是，需要确保声明关注的重点是受影响的"人"，设想当他们听到企业的声明时会做何感想？如果他们对企业的声明感到不适，企业就应重新考虑措辞和沟通方法。危机局势的扭转离不开对受危机影响人群的管理、支持和帮助。这些人包括直接受危机影响的人，也可能是受影响人士的亲朋好友，还包括参与危机应对的企业员工。第4章将会就此详谈。

企业需要迅速撰写、完善并分享首次声明，从而推动局势朝着积极可控的方向进展。企业要在危机沟通计划中制订利益相关者参与计划，据此明确自己需要向哪些列在清单中的群组发布危机沟通声明，并详细说明他们的优先级别。这些都很重要，这意味着当人们开始针对危机构建个人叙事时，企业就能及时加入对话过程，而不是滞后于此。如果针对各个方面包括从利益相关者到工作人员、从受影响人群到普通公众，都能提供一份关于危机的清晰叙事，就将会帮助人们理解发生的事情。

向谁学习？

只有少数企业会经常处理危机。军事和紧急服务部门比任何其他组织都会更频繁地面临一系列危机。在确定危机沟通方法和处理状况的过程中，这些组织的运作方式值得各企业回顾，以决定能否借鉴它们的经验。之前我曾强调过结构化和建立框架对于识别风险和管控危机的重要性。由日常业务性质决定，军事机构和紧急服务部门似乎更能胜任危机管控。他们的工作已被设置为全天候形式，需要提供每天24小时、每周7天的危机沟通支持，而且也在计划和准备应对潜在危机的领域投入更多资金，并会定期就相关计划开展演习活动。这些组织还具有强大的业务连续性和风险管理职能。所有企业都应认识到，自己需要制订危机应对措施，投资于培训和演练，以便能够让自己时刻准备就绪，从而在危机来临时能有效地、从容地应对危机。

军事手段

世界各地的军队都是由严守纪律的服役人员组成。他们之所以能成功应对意外情况，原因有很多。在压力下他们面对挑战性状况需要做出清晰决策时，他们会充分利用自己掌握的方法。以下6个关键要素将有助于危机沟通专家制订计划和处理危机。

（1）培训和学习。

（2）选择合适人选。

（3）明确流程。

（4）明确决策层级。

（5）建立保障机制。

（6）总结并汇报情况。

培训和学习

只有在极少数情况下，军队才需要以最佳状态工作，上战场杀敌的可能性也极低，但这并不妨碍军人坚持训练，以便能够迅速从修整状态切换到战斗状态。平时就重视演习活动和持续训练，才能保证军人在需要时有效执行任务。他们需要投入时间进行训练，如此才能确保胜任工作，这可谓是很有价值的投资。正如第1章所讨论的，这种居安思危、随时备战的学习状态会让企业不断改善、调整并随时启用所制订的危机应对计划。

选择合适人选

要根据人才在关键领域的技能、能力和经验来安排职位，并不是所有同级别的军事人员能力也都相同，关键在于遴选合适人才来有效执行任务。届时，每人都要承担特定职责，正如之前所言，相关人员需要接受考验，以便了解自己是否具备承担相应职责的能力。找到每个人最擅长的角色有利于团队的高效运作。对危机沟通专家来说，这就涉及选择那些特质合适的人担任在一线为"人"提供支持和服务的工作，包括去服务于那些受到危机影响的"人"，也包括为企业自己的员工提供便利服务。否则，媒体人员就不得不首当其冲地面临危机存续及之后铺天盖地的问题。军方很清楚在应对危机时的必备技能构成，因此能找到合适人选来承担相关角色。

明确流程

所有组织都将制订一系列危机应对流程，但并非所有员工都知道现有的流程以及他们应该如何工作来支持基于流程的危机应对系统。详细了解危机沟通计划和流程，对于所有运营良好的组织来说都至关重要。军事行动就是在严格框架内开展的，具体包括规定哪些行为可以接受，以及相关人员应该如何工作等。而每个组织也都应有确保日常工作有效运转的业务流程，每个人都需要真正理解相关流程及其内涵，如此才能理解哪些行为是可接受的以及流程应如何运作。这包括在准备应对危机和各种危机出现之前就要完成的一切运营活动。应对流程可作为贯穿危机过程的一种支持机制来使用。

明确决策层级

军队结构的等级性会清楚呈现出谁应该向谁报告及指挥链的所在。各级军官都可以做出决策，但具体在哪一层级上有权执行哪些操作则是规定好的。也就是说，一线人员拥有一定的自主行动权限，但他们也很清楚权限边界，了解何时需要请示并等待上级命令。这种指挥和控制方式能够确保各级工作在决策上都没有越权和混淆，也不会出现决策真空。这种方式能够确保在统一的危机应对标准下处理局势，确保一切必要的内容、行动和决策都出自恰当的决策层级，参与者也都很清楚在相应层级下如何具体做出决策，以及由谁负责等。如果缺乏这种清晰的决策结构，就很可能贻误战机，因为如果采用自上而下逐层决策的流程，那么在面临最严重危机时就可能导致最严重的问题，比如员工会失去信心，甚至造成企业经营的失败。

建立保障机制

除了每个人都有自己明确的职责之外，军方也会和其他支持性组织合作。这种支持机制使军队行动获得国家批准，授权他们可以针对危机采取有关措施。而且，这也意味着他们可以获得额外资源，包括专业知识技能、设备和专业人员。这就确保他们在任何情况下都不太可能失势，同时，军队还可以从有类似经历的组织那里学习专业知识。但企业却通常力图追求低成本的解决方案，避免不必要支出，这就会在危机来袭时构成挑战。

总结并汇报情况

提前测试和演练是制订适当危机沟通计划的重要组成部分。同时，总结并汇报的过程也很重要。军队在每次面临重大事件、进行演习或采取其他行动之后，都会利用一种结构化的方法来审查工作，审视哪些工作有效以及何处需要改进。这种审查活动需要贯穿行动过程始终，确保一切决策都是经过评估的，并考虑是否可以改进，从而创造一种可以评估和分享个人经验的学习环境。与此同时，军队文化的特点是人们都希望竭尽全力，没人希望在职业生涯的最关键时刻表现不佳，这就促使军队中每个排或班中的每位军人都在尽力承担个人责任。

以上6个要素全都显示了军队对每个人作为团队成员这一角色的高度关注，正是团队作战的方式给军队带来最大回报。其结构、技能、流程和支持的设置方式都是围绕着能够充分挖掘成员才能，以确保他们共同努力实现战略意图。但相比之下，很多企业却缺乏对建设高效团队的重视。仅仅拥有适当的流程并不能确保员工积极参与危机应对的准备工作。下一章将会进一步就此展开讨论，届时我们将研究危机会影响哪些人，以及如何进行员工沟通并提高员工参与度。

紧急服务方法

紧急服务机构也采取了一些跟军队类似的方法，在危机时期可以提供关键领域的支持。然而在照护受危机影响者和处理危机的长期影响方面，紧急服务机构会面临更多的挑战。公安、消防和医疗救护将为受影响的个人提供即时照护，但这些机构也需要在整个危机期间甚至进入复苏阶段以后持续承担这些工作。企业有必要了解紧急服务机构在危机期间的工作过程，这样当企业遇到突发状况时也就会清楚接下来会发生什么，以及这些对企业或组织的危机沟通措施来说又会有

何影响。英国特许公共关系学会（Chartered Institute of Public Relations）于2019年发布了一份文件，提供了有关组织在遭遇恐怖袭击时如何进行危机沟通的信息。紧急服务方法包含8个关键要素：

（1）命令与控制方法。

（2）结构化支持。

（3）练习。

（4）通过立法明确角色。

（5）管理后果。

（6）以人为本。

（7）战略顾问。

（8）汇报情况。

命令与控制方法

处理灾难或紧急情况需要一个严密的组织结构，这个组织要设置金牌、银牌和铜牌指挥官，并且这个组织接受一位金牌指挥官的全面控制。金牌指挥官将由组织内非常资深的人士担任，他负责制定危机应对总体战略，做出与危机应对相关的关键决定。金牌指挥官会得到银牌指挥官和铜牌指挥官的支持，银牌指挥官也负有一些决策责任，铜牌指挥官则负责在一线进行战略性工作。银牌指挥官协调所有已经到位的个人应对计划，确保他们能支持设定的战略。铜牌指挥官负责制订其职责范围内的作战计划。铜牌、银牌或金牌指挥官在每个级别都有决策权，但这些决策都是严格受其所属级别权限控制的。对关键领域负有责任的人将承担上级要求他们采取的行动。因此，这种应对方法被称为命令和控制。

结构化支持

这种设置金牌、银牌和铜牌指挥官的管理方法拥有清晰的结构，各个层级的决策责任也都明确。各级指挥官会负责领导危机应对的关键领域，例如调查、情报、社群管理、沟通和福祉等领域，各方面都会努力执行相关计划，因此在该结构中还需要包括定期评估进展的情况简报和会议，以便检查计划的执行情况，以及情况是否有所变化并需要在行动过程中做出改变。

练习

应急服务组织设有专门部门负责制订应急计划，他们会审察可能影响现有计划的事态进展，也会有专门的负责人员培训

和确定执行计划的人选。他们将根据需要来安排相关人员参与工作的各个阶段，持续重视演习以便做出应对危机的充足准备。他们需要制订年度演习计划，这点对很多企业来说看似是准备过度，其实对于那些负责在紧急情况下做出反应的管理者来说，采取这种立场是非常必要的。

通过立法明确角色

紧急服务组织需要肩负起在危机期间的行动职责，而这些行动和责任可以通过立法进行规范，法律会规定他们作为危机应对第一责任者的角色。也就是说，如果他们没有准备好并立即执行相关职责，就可能面临严厉的惩罚。如果有关调查和审查发现他们出于种种原因而对危机准备不足，那么他们就很可能接受某些制裁。

管理后果

与军方的危机应对不同，执法机构必须从长远的角度管理危机。他们有责任增强社区凝聚力，确保社会恢复正常。在所有危机发生期间，他们都需要开展一系列工作来审视紧急事件或问题对关键社群、个人或组织造成的影响。他们需要将绘制利益相关者图谱、危机运营应对和危机沟通活动的工作结合起来。危机沟通是危机后果管理的重要组成部分，因为它需要确保公共叙事的一致性，能够避免不适当的舆情造成社群混乱或担忧，还需要提醒危机应对人员留意可能影响工作的一系列新的问题。第6章将会详细探讨这点。

以人为本

在其他公共部门组织和第三方慈善机构的支持下，警方要担负起保护危机受害者及其家人和其他受危机影响人士的责任。紧急服务部门需要向受影响的人们派遣家庭联络官，这一角色通常由警察担任，他们将会在危机发生地为人们提供信息，在事发和之后的事件进展中为人们提供帮助，包括在面对诸如调查和询问等事务时的帮助。企业在早期会议阶段，就要考虑危机对人们的影响，由协调人或高管负责提供信息和最新情况。其核心在于尽可能让那些在危机中受到影响的人们充分了解事态发展的最新情况，避免因收到二手或三手的过时信息而使利益进一步受损。同样，第6章将会就此详论。

战略顾问

紧急服务必须涵盖诸多责任领域，正如之前有关结构化方

法的讨论中提到的那样。为了做到这点，拥有相关专业能力的人士会被赋予战略顾问的责任。他们需要为队伍提供可供采取的最优行动方案的细节，深入且详细地了解危机应对流程和指导，并运用其最出色的专业能力开展工作。尽管他们在军衔上往往是初级军官，但其专业知识则具有相当的高度，从而促使他们成为组织的"头号人物"。然后，主管需要采纳他们的建议，这样才能在事件发生时做出恰当决策。这个过程的关键就在要认可和鼓励专业人士承担顾问角色。高管需要虚心地听取他们的指导和建议，并依此采取行动。

汇报情况

与军方类似，执法部门的重点在获得所有领域有关危机应对的情况进展，并进行审查，从而评估哪些措施是有效的，而哪些在未来还有改进空间。执法部门与军方不同的地方在于，这些审查工作通常会有其他机构参与，后者也会参与危机应对与进展汇报，而且这个汇报既需要在重要事件发生后立即进行，也需要在更长的时间范围内持续进行，从而保证自己能在复苏阶段继续对相关的应对措施进行审查。英国警察学院提出了一份结构化的汇报方法，其中包括对警方危机应对的所有方面进行审查，如有必要，也会引入训练有素的工作人员来协助审查。最后危机沟通团队将会呈现一份详细的文件，包括针对所有令人关心的问题提出解决方案计划，而沟通方法也将作为结构化汇报工作的组成部分，但危机沟通团队也可以考虑与其他机构或媒体的危机沟通专家进行充分讨论，从而评估沟通战略和计划及其实施情况。

这种应急服务的结构有利于危机沟通，因为设有战略顾问的席位，战略顾问能够帮助企业或组织制订紧急应对措施。与此同时，如果想要真正支持受到影响的人们，传播正确信息，并让行动接受严格审查，那么，这些工作也会带来巨大压力。第7章会就此讨论。不过，也正是利用这样的机会，在准备应对危机时就进行沟通并充分测试，就能帮助紧急服务危机沟通专家在发生状况时处于优势地位。

其他方法

其他一些危机管理方法让危机沟通专家喜忧参半。在某些情况下，协作应对的方式可能会比机构独自控制危机更有成效。这就需要相关机构就危机应对工作部署达成重要协议，并就此采取成熟的运作方式。协同应对危机将有助于各个机构共

享思路和建议，并且共同向前推进，也有助于形成一致性的公共叙事，从而避免企业陷入被动局面，在应对他方的指责中疲于奔命。但是，如果过度讨论和协商会对行动构成阻碍，也会导致员工缺乏工作效率和消极怠工。

采取合法的应对措施通常是企业利益的最佳保证，人们会担心事件或问题涉及法律层面，法律团队也会意识到他们可能面临的问题。法律挑战对企业来说代价十分高昂，而且会令声誉受损，负责管理危机的首席执行官可能会更加重视法律团队的建议，而不是沟通部门的建议，因此，传统的法律建议与沟通建议往往背道而驰，还会给危机应对团队的领导者造成困扰。在这种情况下，危机沟通专家可以提供的支持是法律团队无法提供的，前者能够让领导者清晰地了解当下的舆情和相关者付出的代价。有了相关数据、洞察力和信息的支撑，危机沟通专家就能逐渐开始在高层会议上占据一席之地，为领导者献计献策，成为和法律专家同等地位的战略顾问。仅从法律视角出发，不能总是与危机沟通专家看待的正确行动方向的视角吻合，所以对危机沟通专家来说，最基本的技能就是要对领导者有所影响，这一点在危机发生期间和平常时期都很有必要。

有时，领导者很可能会用一种以业务为中心的方式来应对危机，这种方法通常会明显符合法律视角的要求。一般来讲，危机应对的核心原则是：做对业务有利的事。这个危机应对原则可能会涉及股东和关键利益相关者。领导者需要优先考虑股价和对证券交易所的潜在影响，危机应对所提供的资源需要专注在对业务的支持上。但是，如果专注业务成为危机应对的主要目的，就很可能带来缺陷，因为可能忽略危机事件对"人"的影响。在公众看来，如果危机应对方式忽略了危机相关者遭遇的困难，那么这种方式是难以被接受的，还很可能会适得其反，非但不能确保业务安全，反而令企业陷入危险境地。更合适的处理方式是，邀请战略顾问监测危机对股票的影响，同时兼顾社群问题、法律咨询和危机沟通等诸多方面，从整体上做出评估，以此为基础提供管理指导。

建立强而有力的危机管理框架

在所有运营方法中，企业想要拥有强大的危机管理框架，就需要从以下7个方面入手：

任命专人来领导应对危机

企业应划分并明确个人职责，包括对专家指导和建议的需求，以及清晰的决策过程，这样才能完善危机沟通战略，明确角色设置，并为每个角色分配关键行动。

将负责人聚集到"指挥部"

如果企业的相关负责人或领导者能快速地聚集一堂，即使只在危机出现的最初几小时能做到这点，也会有助于做出更加一致和连贯的应对，从而有助人们在听取关键决策者意见的同时就能快速协商出结果并果断行动，支持管控危机的全局战略。设立"指挥部"可方便相关人员共同协作以控制局面，这对应对危机非常有益。

有备无患

这点应当永远铭记。我们从军队、执法部门和应急服务部门的工作中看到，无论面对什么危机，计划和准备都是保证危机应对行动成功的关键要素。企业需要确保危机应对结构、系统和流程到位并评估其有效性，确保员工接受培训以及了解其职责要求。然后，员工就可以为采取行动做出充分准备。

人尽其才

如果企业已经拥有明确的危机应对计划，接下来就需要训练有素、技术娴熟的合适人选担任各个关键领域的领导者。军队比较擅长任用之道，也会在所有重要的组织中启用合适的人才。善于充分利用人才的技能和经验，合理安排职位以便人尽其才，从而创造一种力争成功的组织文化，这种文化会对危机应对团队开展工作有所帮助。

了解危机内涵及影响，管理危机后果

无论是运营危机还是声誉危机，危机应对人员都需要明确危机造成的各种影响，从而在危机伊始直到迈向复苏的各阶段都能提供有效支持。危机应对人员需要充分理解危机事件，理解相关客户和服务对象，同时充分利用可挖掘的数据，以便审视事件及其发展过程中的关键节点。通过对危机影响设定情境，危机应对人员就可以绘制出受影响群体和个人的清晰图景。

整合危机沟通

集中管理所有危机沟通活动，确保所有渠道和受众得到的危机叙事具有一致性。这样一来，危机沟通提供的一切信息都会有助于人们理解发生的事情以及事件的发展进程。但是，这

并不等于企业需要隐瞒某些关键信息；相反，这么做会有助于提供危机应对各阶段所需的重要背景信息。

确保将所有应对措施进行整合，建立系统性危机沟通方式，从而确保向幕后员工、利益相关者、危机受害者及其家属，以及其他深受危机影响的人们通报一致性信息和最新情况，而不至于使公众不得不从非官方渠道或者二手信息来源来了解情况。

关注"人"的损失，做正确的事，而不只为维护企业声誉

如果纯粹为维护企业的声誉或确保避免股价跌落而做出危机应对决策，那么这种决策就很可能会先天不足。因为这些决策只是基于很小部分的信息，正如本书中许多案例所揭示的，如果不能考虑危机状况可能给"人"带来的损失，就会威胁到所有危机沟通活动的成功。企业的声誉应该建立在采取正当行动上，而不只是为了"堵上悠悠众口"。

围绕沟通开展危机应对

企业可能会认为危机应对的关键是专注业务，从而应对事

件或推动业务发展。运营活动实属核心，运营到位才能使沟通有效。但是，沟通必须与运营并举，因为二者同等重要，齐头并进才能做出最有效的危机应对。如果没有清晰一致和统一管理的沟通，一切运营活动都将得不到公众的认可，也就无法妥善管理企业的公众印象。

危机沟通能够解决影响有效应对的若干关键问题，从已经制定的危机沟通战略和计划中看到有效应对的好的方面。首先，沟通必须贯穿整个危机应对过程，危机沟通专家需要处于核心位置，以便能在危机的早期阶段就提出建议，并获得有关事态发展的最新情况，从而为危机沟通计划提供必要信息。危机很可能会迅速发展，因此危机沟通专家必须能够获得即时更新的信息，以便充分掌握目前状况。

之前曾提到，拥有清晰的公众叙事是企业解决当前问题的前提，并且能够带领人们踏上复苏之路。一致性叙事的有利之处在于能够使人们建立对企业危机应对的信任和信心，毕竟员工、利益相关者、受危机影响的人们以及更广泛的社群听到的信息是相同的。在危机的早期阶段，危机沟通专家应该收集所有已知信息和细节，并发现哪里出现了信息不对称，以便合理措辞。随着更多信息的获取及危机的发展，这一叙事也会得到更新和完善。确保所有有需要的人都能了解最新声明或叙

事，从而保障叙事的一致性，这点很关键。因此，危机沟通团队需要建立一个系统，支持信息在运营过程中的迅速传播。

危机沟通专家还必须与企业发言人密切合作，在许多情况下，发言人应该是企业的首席执行官或最高领导。这位首席执行官或最高领导者必须在整个危机期间加快步伐，展现自己的领导力，这就需要他能在危机沟通和信息传播过程中切中要害。危机沟通专家需要就战略、方法和活动提出建议指导。因此，危机沟通专家和企业高管有必要在危机出现前就建立起积极的合作关系，从而能在压力到来时彼此充满信任和信心。有关首席执行官和其他主要领导者的责任将在第5章中展开讨论。

在社交媒体迅猛发展的现代社会，"假新闻"极有可能引发危机。它们有可能是被捏造的，会对企业出现的事件或问题造成影响；也可能只是表述得不够准确但并无恶意。处理以上两类"假新闻"的对策是不同的。当首次出现有关危机的不精准描述时，企业就应提出质疑，因此关键在于企业或组织要有一个媒体监控团队从危机伊始就开展工作。如果危机沟通团队位于危机应对的核心开展工作，他们就能很清楚哪些信息是准确的，哪些是不准确的，并找到中间可能存在的灰色区域。然后，他们必须拥有自主决策权限来迅速有力地更正错误或不准确的陈述。也就是说，危机沟通团队可以向社交媒体平台运营商投诉，如果初步采取的措施不成功，还可以进一步向媒体或监管机构投诉。如果不采取撤除不准确信息的措施，那么危机沟通团队就应考虑主动出击让不实新闻失去可信度，同时提供准确且真挚的说法来澄清立场。这种行动需要纳入危机沟通计划，确保将其作为一致性反应的组成部分，能对"假新闻"发出挑战。

某些商界领袖可能会认为，假如媒体平台运营商和监管机构不打算删除或更正信息，那么对不准确和虚假信息发起挑战就没什么意义。实际上，在复苏阶段，当企业行为接受审查或受到质疑时，他们需要公众看到的是企业其实已经采取行动以正视听，否则很可能被认为是虚假信息发布者的同谋。如果信息只是不准确但并无恶意，那首先应该尝试与发布者对话，以期待对方能够做出更正，而且这种对话需要快速、及时，方可避免不实信息的广泛传播。如果能尽早对话，并且发布者也同意更正信息，这个问题就得到解决。

危机沟通团队还可以根据来自受到危机影响人群的消息来充当他们的代言人，在运营应对中提出问题："那些受影响的人们会如何看待这项活动？"在制订沟通应对方案时，危机沟通团队应充分考虑到受影响的人们是很有帮助的。如果无法做到这点，那至少应确保这些人在信息被公众知晓之前就能得到

详细的通知。沟通活动必须对问题或事件的影响保持敏感，这也正是危机后果管理的用武之地，需要确保考虑个人、团体和社区的关注点，第6章将会就此详述。

最后，危机沟通小组必须逐渐整合所有这些要素，然后开始制订计划，并不仅是应对当前危机，还要考虑针对复苏的举措，并且要从企业长远利益出发来制订合适的计划。在有具体的可操作性方案的前提下，危机沟通小组应尽快将目前的危机计划和伴随危机发展而需要重新审订的长期计划记录在案。

案例研究

2017 年百事可乐公司广告危机和 2018 年乐施会的组织危机

2017年，百事可乐饮料公司发起的一场广告活动引起公愤。它是在美国抗议"黑命贵运动"❶的背景

---

❶ "黑命贵"，英文是 Black Lives Matter，完整意思是"黑人命重要"，最初是针对美国对黑人的种族歧视问题而发起的，本意是呼唤关注和消除种族歧视，但之后出现了矫枉过正的情况，因此有人翻译为"黑命贵"，讽喻"黑人的命更值钱"。——译者注

下出现的，似乎也反映出了那些抗议活动的场景。这则广告的主角是模特兼真人秀明星肯德尔·詹纳，她好像是通过打开了一罐百事可乐来平息警方和抗议者之间的骚乱。危机发生后，百事可乐公司立即针对这场危机做出反应，在很短时间内就从社交媒体上撤下这则广告，但是这则广告还是被网友在私下里继续传播。

一位百事高管就此致歉并发表声明说："显然，我们没有处理好这个问题，必须郑重道歉，我们绝不会轻视任何严重的问题，而且我们正在删除有关内容，并会叫停涉及该内容的后续推广活动。"

这些行动和声明表明百事公司正在迅速采取行动，处理可能由广告引起的不当后果，同时确保该行动由一位高级管理者发起。而且这样的声明没有责怪他人的意图，这再次强化了企业在危机中主动负责的品牌形象。接下来，他们还向肯德尔·詹纳道歉，后者也对那些受危机影响的人们表示关注。不过，除此之外，公司本来还可以发起和受危机影响的某些关键群体的会谈，并考虑解决管理和品牌发展的多样性问题以重建公众信心。在声誉危机中，危机沟通专家需

要和高管共同制订危机应对措施并发展危机应对框架，支持并采纳危机沟通专家的建议才能做到在危机伊始的应对中就能深谋远虑，贯穿危机应对的准备阶段直至复苏阶段始终。

如果我们将百事可乐的反应与发展和救援机构乐施会（Oxfam）的另一个声誉问题进行比较，就会看到果断行动的重要性。2018年，乐施会遭遇为期10天的敏感问题报道，媒体称他们隐瞒了海地援助人员的性剥削指控。另有报道称，救援人员在商店内进行了性骚扰。发展和救援机构需要得到公众信心，以确保人们继续提供资金支持并吸引政府资金。乐施会对这些关注点的反应遭到批评，被认为反应迟缓，而且在最初进行危机沟通时，回应指控提出的叙事只是强调公司遵循了组织的内部程序这点。这反而让人们感到他们采用这种僵化的问题处理程序不过是为了避免公众的审查。

在处理如此敏感和情绪化的问题时，乐施会关注的是内部流程而不是受影响的"人"，这种不恰当的态度招致了更多负面的公众评论，随之也对组织声誉造成不利影响。这种情况总是充满挑战，但这种危机沟通似乎只给乐施会管理层带来不便，而并没有被他们视为需要承担的一份责任。

除了对最初反应侧重点的担忧，他们对批评的反应也很迟缓，而且机构的高管也没有在第一时间和媒体进行沟通，这就提示我们，企业需要针对内部所有级别的管理人员开展有效的媒体沟通培训，这一点非常重要，特别是要以应对危机为重点，为那些将要承担相关责任的高管提供培训。在这个数字世界里，所有高管都需要具备有效处理媒体采访的基本技能。

在这种情况下，乐施会似乎缺乏公开性和透明度，而这些是依赖公众和政府捐款的志愿者和慈善组织的生命线。他们采取的是防御性的危机沟通方式，似乎并没有认识到只有修改当前系统和程序才能更加妥善地应对危机，也并没有意识到只有改变工作方式，才能避免类似情况的发生。

《公关周刊》中的一份品牌估值报告显示，由于乐施会这次处理问题的方式，其品牌价值缩减了4亿英镑。看看这两个案例，很明显地告诉我们需要用结构化方法来应对危机，并且危机沟通应作为应对核心。建立后果管理和聆听受危机影响人群的声音，将

会有助于对危机反应迟缓及关注内部交流而不是关注受影响的"人"这两个问题做出反应。对于百事可乐公司来说，如果有来自外部的评论声音，这次广告危机或许就能避免，这种不当的广告就永远不会被制作出来并加以传播。

随时处于准备状态将有助于企业迅速且果断地对危机做出反应，同时考虑到对企业有利的所有重要因素。设计好的应急程序应将人们带入有组织的应对过程，既能支持运营活动，也能支持危机沟通活动。这两种情况也都强调了首次声明的措辞及其给人带来的感觉的重要性。在百事可乐公司的案例中，这点被认为是在成功应对方面起到的决定性作用。而对于乐施会来说，这次的危机沟通被认为是失败的。

本章小结

在危机中保持冷静至关重要，如此才能拥有清醒头脑，采取适当行动并做出正确决定。更重要的是，这样才能使危机应对人员想起需要拟订运营危机沟通计划，它很有意义。危机应

对人员应充分利用这些准备工作来支持自己迅速采取应对危机
的行动。

危机可能源自任何地方或情况，很难避免它的意外突
袭，它可能恰恰在准备工作的薄弱环节出现。如果已经制定的
应对战略能够得到再次新审视和改善，以应对任何可能发生的
情况，那就可以准备得更加充分。危机应对人员无须试图穷尽
识别一切可能发展成危机的风险和情况，这也根本做不到，而
是需要确保能找到一种方法，建立定制化的、有效的危机沟通
应对方案。

危机沟通人员需要充分了解企业内部宣布发生危机的流
程，明确该流程对沟通功能的意义以及自己的要求。如果尚不
清楚这点，就不适合去开展危机应对及相关部分的工作。在某
些情况下，企业缺乏能逐层提高应对水平的清晰流程，以至于
难以发现哪些新问题可能会演变成危机。那么，危机沟通人员
就需要让企业高管意识到这种缺位不能满足有效危机管理计划
的要求。危机沟通人员需要充分运用自身的沟通技能、知识和
经验来帮助企业发展事件应对水平的升级流程。

危机沟通人员需要对危机沟通战略进行定制化修改，制订
能恰当满足目前危机情况的计划。重视当前情况的独特性，并
且充分考虑这种独特性对选择沟通活动方式的影响，包括要考

虑对受危机影响的群体以及对员工的影响。

　　危机沟通人员需要铭记，在处理危机时不必独自闭门造车，而是可以参考其他组织的危机准备和应对方式，尤其可以向那些需要定期处理危机的军事机构和紧急服务机构学习，从他们的危机应对计划的结构和方法中找到可以供自己在危机沟通应对中使用的有效部分，如需帮助，可以通过电话求助。

第 **4** 章

以人为本：
做到员工优先

如果不能充分考虑危机让"人"付出的代价，一切应对过程和程序都将难以奏效。危机沟通专家需要优先考虑那些卷入危机和深受其害的人员，并且以此为出发点考虑如何改善应对行动才更可能开发出有效的危机应对方式。

到目前为止，本书已经对企业的外部受众和相关人员进行了充分讨论，包括为了管理潜在的公众批评，需要确保对此做出迅速应对，毕竟来自公众的批评之声一旦蔓延会非常迅速。这正是危机沟通专家在危机中通常需要做的工作——他们会专注于外部沟通活动，但却常常因忽视员工和利益相关者而付出代价。在开发危机沟通战略时，最核心的因素就是"人"，没有什么比这点更加重要。

如果企业已经制订计划并且进行了适当准备，就应该对企业的外部受众和内部受众都有详细的了解。而且，企业需要将他们都纳入计划，让他们参与危机应对方法的测试和危机演习活动。外部受众包括在本书第1章提到的所有群组，也包括第3章中管理危机后果时制订计划和绘制利益相关者图谱时涉及的群组。后果管理的关键在于理解正在发生的事和人们需要遵循的原则，以便危机沟通专家运用有关受众定位的知识和经验来识别受影响群体。接下来要做的便是确保通过沟通活动让危机沟通计划惠及这些群体。以上这些方式同样适用于针对企业内部受众的工作。企业可以从了解内部受众的人员构成开始，危机问题或事件的性质会决定人员的影响范围。同时企业也需要关注其余员工，也就是那些在危机期间负责维持企业运转的员工。本章将会详细讨论这些问题。

卷入危机的人员

首先，企业需要考虑在危机中联络关键受众时采取的姿态：是主动，还是被动？是仅针对外部受众或内部受众，还是各方都需要考虑？被动投入通常发生在危机早期，那时候，危机沟通专家忙于向关键群组发布信息。之前提及，这一初始阶段在危机的生命周期中很短暂，这个时期的重点工作是要传递给人们直白的信息，确保他们感觉到安全和受到保护。随着危机的发展，按照计划，就应当尽快开始侧重沟通。在企业内部，针对员工的沟通也是这样的。企业要先向员工传递基本信息，比如如何行动、如何恰当地分享信息等，但工作重心很快就应当转移到告知员工如何更有效地参与和支持危机应对活动。

对于沟通活动来说，主动投入当然是最佳状态，也应该在危机初始冲击波退去后成为常态。一旦各方资源到位，危机沟

通计划正常运转，企业管理者就会拥有更充裕的时间进行思考，从而为进一步开展沟通活动和基于双通道信息流的持续对话方式提供机会。到了这个阶段，企业就需要花时间考虑如何在危机应对中融入关键群组和个人。有很多方式能够号召更多人参与到危机应对中来。例如，企业可以邀请人们前来了解企业的应对方式，深入理解企业所采取的行动。以产品故障为例，关键人员可能是利益相关者、消费者和社群代表。企业可以邀请这些人前来参观企业的生产车间，从整体上或在某些关键位置上观察企业的工作进展。所谓将"人"作为危机应对的核心，其实就是找到这些关键群组和个人并与他们交谈。例如，一家小型建筑商存在扰民现象，那么这家建筑商最好能派人拜访周边居民并充分协商。

建立联结

想让危机沟通战略有效，核心在于关系建设，这点对于危机沟通来说也是金科玉律。每一次的危机处理都是一次实践机会，也是经年累月的艰苦沟通所创造的关系联结。如果关系足够强大，企业在危机发生时就能迅速联系到"对的人"，开始与他们共享相关信息并通报工作进展，邀请他们参与沟通应对策略。要想实现这点，企业就必须将关系建设融入日常工作，等到真正处于应对危机的巨大压力时，企业就可以迅速发展出有效的关系。正如第1章所言，居安思危很重要，平时企业多花时间准备周全，以便随时应对突发事件。计划中的沟通活动还需要涉及其他一些模块，包括社群关系、危机的后果管理和员工关系等。

第6章有关社群和危机后果管理的部分将会详细探讨社群关系管理，也会讨论如何邀请人们参与危机应对战略的评审过程，从而基于他们的知识经验来提升公共叙事和沟通方式的适用性。

内部受众

只有通过员工的艰苦工作、履行承诺和风险承担，企业才能应对危机。如果员工充分参与、倾力投入，就能确保企业的危机应对有效，因为员工会尽职尽责。对企业来说，员工就是最重要的人。因此，危急时刻的沟通活动应考虑员工的重要作用。就危机应对而言，系统和流程都很重要，但决定性因素则

是参与其中的"人"。员工自始至终都在危机应对过程中扮演关键角色，包括从计划阶段到复苏阶段。贯穿整个危机应对过程，他们都应拥有对计划中的沟通活动提出反馈的自由。

员工参与度是创建高效能企业的根基，员工团队会深切感觉到自己和企业的联结，并且会拼尽全力确保企业的成功。这是一种回报，如果企业能够为员工付出并倾听员工心声，珍视员工贡献并重视员工福祉，那么员工就会同样回馈企业。为员工谏言开辟通道，看似和结构化的危机应对模式自相矛盾，其实不然，这是公众对企业所能实现和应该实现的运作方式的误解。严密的结构是必要的，旨在让人们很清楚自己在参与应对时肩负的责任和决策的权限，从而明确自己要采取的行动以及如何与他人配合。但是，这并不是说就不允许员工提出有价值的见解，企业在管理当前危机应对过程时恰恰应该充分听取员工意见。有关员工参与度和员工福祉之间存在密切的联系的内容，会在第7章中详述。

学习语言

第1章曾提到，在制订危机沟通计划的阶段，全员参与至关重要。全体员工都需要协助企业设计危机管理的支持性结构、制订计划并开发流程。员工参与有助于让整个企业进入一种临战状态。人们理解自己在管理危机应对的过程中，或是在维持企业在危机之下的正常运转的过程中，所要承担的工作和扮演的角色。员工也需参与危机应对测试和演习，因此需要掌握危机独特的语言。想象你在学习一门新的外语，首先需要花时间弄清单词如何组合成句，句子又如何串联成对话。同样，如果员工想要理解应对危机的方法，就需要知道自己应该做些什么，以及彼此之间如何配合成为整体。企业不能指望员工在危机伊始就深谙这种语言，因此，在计划阶段就投入时间发展相应的能力。

针对执行任务的演习情况做出评估，有助于修订和改善危机应对计划，并且促使企业进入最佳的临战状态。这种员工参与的活动需要贯穿危机管理过程，但是，最关键的还是制订计划和做出准备的阶段，需要全员投入，确保全体员工都能了解企业内部的风险管理流程。员工作为企业早期预警系统的有机组成部分，能够在行动过程中及时发现问题和问题所在的领域，因此，企业应当鼓励员工提出问题，从而让问题得到更充分的重视。这对延缓危机加剧很有帮助，能够把员工识别并提出预警的潜在危机消灭于萌芽阶段。

企业永远不要低估对员工的投入所能产生的巨大收益，不要低估来自员工的支持、理解和他们的经验在准备应对一切危机时的宝贵价值。每当危机发生，员工都需做好应对准备。如果只是企业管理者准备就绪，一线员工却还被蒙在鼓里，对自己需要做些什么、从何处获取信息更新、如何收集信息以及企业期待自己做些什么都一无所知，这种情形就会对企业应对危机十分不利。毕竟，企业想要实现对危机的最佳应对，前提就是企业从上至下已经准备充分，在应对当前情况时能胸有成竹并富有弹性。

漫不经心的措辞

在危机应对的初始阶段，员工的应对行动、表现和谈论方式都将直接影响公众对企业的信任和信心。全体员工都应详细了解正在发生的情况，了解企业为处理问题正在采取的措施。他们也应当很清楚公共叙事，了解如何应对公众针对叙事的提问、质疑或评论。如果员工漫不经心地使用措辞或发表评论，就很可能从危机沟通计划中脱轨并导致丧失公众的信任。例如，对一个小型的定制产品制造团队来说，产品出现破损状况，某些员工可能就会把自己的想法随意发布到社交媒体上，而他们很可能根本不清楚那会造成怎样的影响。因此，危机沟通人员需要考虑企业与消费者或服务使用者相接触的所有节点，在危机出现时确保员工在这些接触点上和受众开展工作。危机沟通人员还需给企业的员工提供有关发言的详细提纲。这部分可在计划中单独说明，也可以制作一份核查清单，针对那些面对消费者的员工角色，列出已更新的信息和被提问时可参考的回复文本。这些工作有利于在早期阶段安抚民心，为消费者或服务使用者提供经过选择的、综合的和更加开放的更新信息。在危机发生的早期阶段，员工良好的状态能为应对危机奠定基础，这种稳定的根基将会伴随事态的发展直至结束。

企业需要寻求最佳方式来就危机发生的相关事实对全体员工发出警示，无论是通过邮件或内部信息系统，还是使用其他公司内部群组等沟通软件。这取决于企业日常使用的系统，不需要针对危机单独创建新系统，而是要使用现有系统。企业在应对问题或事件时，首先一步就是让员工清楚知道发生的事，这一点有助员工树立信心。

一旦危机应对已步入正轨，员工就可以在其所承担的角色中充分展现自己应对的力量。他们很清楚要说什么和在何处

说，能分享企业的信息并协助开展危机沟通活动。如果能够告知员工实情和企业准备的公共叙事，就能避免员工在毫不知情的情况下削弱企业的应对效用。请记得，企业需要将员工分成关键小组，以便能确切追踪目标受众并提供信息，确保将更多细节传达到位，这点很重要。

员工通常会使用社交媒体，其影响力会深度延伸到个人空间，这些做法在危机应对过程中也在持续进行。获得企业授权的员工会在官媒负责企业社交媒体的信息发布和更新，那就可以将这组员工作为内部危机沟通计划中的一个关键小组，他们需要迅速收到更新的信息，并在第一时间掌握更多和更深的细节。针对那些个人使用社交媒体的情形，也许企业应该制定适当的行为准则，就他们能否在社交媒体上详谈工作以及可以谈论哪些内容等事项做出规定。企业可以在与员工签订的合约中明确个人社交媒体的使用规范，也可以把这部分内容纳入员工行为准则。新员工需要了解社交媒体使用的必要边界，接受有关指导，从而确保他们既可以使用社交媒体又不会对职业生涯造成不利影响。这些工作会帮助创建一种适应社交媒体时代的企业文化，从而有利于企业在危机时刻从中获益。相关的知识和经验需要准备到位，企业还需要就员工的行为规范给出温和的提示。此外，企业需要识别出向员工发布信息时对信息采取的立场，那些信息是否适合分享，是否需要就员工在危机应对期间如何使用社交媒体进行规范。针对员工的指导和建议都很重要，这些工作可以避免员工误入违禁话题的歧途。随着危机的蔓延，针对员工的指导也需要不断更新，并随时传达最新指示，以便他们能够了解当前情况的进展。但企业需要明确的一点是，只要是对员工说出口的话，就有可能在某个时刻被公之于众。

员工和危机后复苏

最后，员工将在企业复苏过程中扮演关键角色。他们需要参与对所实施行动的报告和总结。另外，企业要鼓励他们提出开放和诚实的意见来改善计划。即便危机已被成功管理，企业依然能从经验中学习，这些都需进行汇总。在这个过程中，企业不仅能改善和提升日常经营状况，也能更擅长面对进一步的问题或突发事件。在总结和报告时，企业需要就应对活动过程中对待"人"的方式和效果做出评估。例如，员工是否处于良好状态，企业是否投入精力建设员工关系并积极和员工沟通，以及员工的资源获取情况等。为继续深入，企业就需要改变危

机应对的流程、计划和程序，相应地就会对员工产生影响，这点难以避免，员工也需要充分接纳。和员工并肩战斗以实现企业进化，会帮助员工成功融入新系统并进入新的行为模式。改善沟通有助于建立新的流程。危机后的复苏是危机应对中一个至关重要的阶段，却时常被忽视，第8章将会就此详述。

员工参与是成功的根基

为确保员工能够有效参与危机应对，需要考虑以下4个方面：

（1）结构。

（2）领导者。

（3）渠道。

（4）信息：使用"对的语言"。

危机应对计划需要清晰详尽地涉及以上这些方面，包括运营计划和危机沟通计划。企业在制订这两个计划时都需小心留意，确保让员工参与危机应对的过程。建设以上4个方面，有助于推动信息在内部沟通活动中的传播，以及企业基于充分倾听员工意见，发展出一种员工之间的双向对话模式。

对于危机沟通专家或企业领导而言，倾听是所有本领中的重中之重。善于倾听，企业才能学习和发展。因此，领导者需要支持企业发展一种学习型和支持性的企业文化。这将有利于员工在工作场所产生崭新的思路，并且有助于根据一线员工发现的真实情况来完善运营活动。而且，这种文化将会鼓励员工更多地献计献策，从而及早识别已经出现的和可能会出现的问题。简而言之，倾听正是企业生存和发展的根本。这点千真万确，不仅是在日复一日的工作中，而且是在出现危机并威胁到企业前途的关键时刻，倾听都至关重要。

结构

必须在所开发的危机沟通计划中详细说明应该如何与员工进行沟通。这个部分也需要在企业的运营结构中有清晰的体现，如同人力资源部门或员工福祉部门的设置一般。并且，随着沟通活动的进行，相应的运营结构也会得到发展。各企业需要专门设置负责管理员工参与的领导，他们应当处在企业的核心位置，并且和危机管理总部保持联系。这个角色可以由人力资源总监或者某位高级经理担任。同时，企业也需要在危机发生当地设置领导者角色，从而让沟通工作可以赢得整个企业的支持。这个支持性的网络对于所有企业来说都很重要，特别是

那些在世界范围内从事经营活动的企业。如果不能在各分支机构和部门内设置联络点，将领导和一线员工联结以便获取员工的反馈，那么，这种中央集权式的沟通方式可能就会失效。

　　无论是谁处在组织的核心担任与员工沟通的领导角色，都需要有一个沟通团队在旁协助，或者最好是领导者本人直接作为沟通团队的一分子。沟通团队将和人力资源部门、后勤部门以及所有涉及员工的部门密切合作。有些企业会包括很多小的工作单元，这会给沟通带来挑战，但是，员工支持和福祉部门对于各个工作单元和企业的领导者来说都很重要，所以，它很适合作为讨论沟通战略的出发点，目标是达成一致性的具体方案。这些部门可以互相帮助、协调行动，从而确保危机应对的一致性，并在员工内部树立信心。

重要提示

　　企业需要在危机沟通计划中详细说明内部员工沟通的领导者角色，明确该领导要如何做出决策、要报告的关键内容，以及明确采取行动和分享信息的授权方式。内部沟通要建成为跨越和连接企业各运营部门和危机应对部门的沟通网络。

领导者

第5章将会详细探讨管理危机中的领导者角色，该角色对于确保员工参与来说也至关重要。在危机发生时和结束之后，领导者通常会明显对外部沟通和可见的组织表现进行表扬，旨在安抚人心并重建信心。其实，首席执行官也肩负着考虑全体内部员工福利福祉的职责，包括在危机过程中让员工可以接触到首席执行官。这肯定需要投入时间和资源，而这种投入正是危机沟通工作的一项重要内容，直接影响到应对计划是否能够成功。需要由某位人力资源部门的高级经理或某位来自高管团队的成员来担任危机管理的领导者，负责提升运营计划中的员工参与度和员工福祉，这样的设置会有利于事情的顺利进展。这种安排能够确保企业持续关注员工的需要，支持员工在制定关键决策的会议上发声。企业在面临压力时，领导者若能心系员工，必将获得奖赏——赢得员工的大力支持。

除了位于组织顶层负责运营的领导者，企业还需要在内部的每个分支机构和部门内设置专人，负责配合领导者发布信息并收集反馈。这种组织结构可能已经存在，可以充分用来在内部传递信息。但是，如果现有的组织结构还不足以实现这种功能，那就特别需要在危机沟通计划中指出这点，并为那些能被征用到内部沟通工作中的员工提供更加充分的资源配备。领导

者要充分重视这项准备工作，不能因为只是重视公众、利益相
关者和股东的需要而忽视它。

渠道

在一次危机中，想要确保信息在企业内部发出和接收会有多
种方式。沟通团队需要制订合理的内部危机沟通计划或员工参与
计划，计划需要涉及很多细节，比如如何在企业内传递信息，使
用什么渠道，角色设置及其责任，以及如何评估员工对信息的知
情度和理解度。所有这些细节都应当在危机沟通计划中的内部沟
通模块呈现出来。计划还应当包括相应的具体应对措施。等到危
机蔓延时再设计和创建沟通渠道的做法完全不可取。企业需要将
信息传递给那些需要这些信息的人，具体渠道如下：

- 面对面沟通
- 地面或网络形式的简报会
- 高层领导者的走访
- 内部社交网络系统
- 企业的内部网络
- 视频消息
- 电子新闻简报和内部刊物

在分享信息时，企业领导者需要考虑的核心是，在多大程度上采取面对面的沟通方式，又在多大程度上通过远程渠道进行，比如通过企业的日常运营通信或内部网系统。企业领导者还需要考虑企业文化和运营流程，来决定分享的内容和沟通的渠道。如果是一家跨国企业，员工遍布世界各地的机构中，那么，信息分享就会更多地依靠通信技术。同时，管理者或领导者与下属团队之间也要创建沟通渠道，支持这二者之间的直接沟通（表4-1）。如果是小企业，不妨主要选择面对面的沟通方式。有效沟通不能仅凭单一渠道或方式，除非是一个高度结构化的员工团队，否则就不能集中收集到他们的全部信息。

表 4-1 员工沟通和参与度

渠道	例子	好处	问题	参与度
中央发起沟通	• 备忘录 • 内部网叙事 • 电子邮件	• 速度快 • 规模效应	• 可能无法联网 • 可能会被忽略	低
告示牌	• 招贴告示 • 内部网	• 规模效应 • 近距离	• 可能会被忽略 • 更新速度慢	低
管理者简报	• 大量简报 • 小组会议	• 个人化 • 允许提问 • 来源可靠	• 可能被随意解释 • 更依赖管理者 • 需要时间	中等
社交媒体讨论	• 博客 • 内部社交平台 • 内部网论坛	• 支持讨论 • 多元视角 • 员工参与	• 缺乏中央控制 • 挑战公司地位	高

　　企业应为危机沟通计划找到最关键的应用渠道，明确何时予以启用。在危机发生早期，向公众广播信息或许是唯一可行的方式，企业可直接使用电子邮件、内部社交网或内部网来分享关键的声明和信息。而伴随情况的发展，企业应引入面对面的沟通方式，比如召开简况会，或者由高管实施对当地关键机构的拜访等。明确关键渠道和启动时机，是在所有问题或事件出现之前就需要完成的工作。

　　企业在制订危机沟通计划时需要进行员工细分，以便能将"对的信息"传递给"对的人"。这是外部沟通活动的工作范畴，通常却在从事内部沟通时被忽略。在整个危机沟通过程中，绘制受众图谱很关键，只有做好内部沟通，才能有效实现危机的后果管理。细分危机沟通的内部受众，需要根据工作角色、所在部门和所处方位来进行，除此之外，还需要清楚哪些人会在危机发生时遭受最大的影响。

　　危机的发生如同"一石激起千层浪"。扔进去的石子会在水面上激起层层涟漪。危机的影响过程与此类似，有些员工和部门受到的影响相对于其他员工和部门来说会更加强烈。企业可以开发一些危机情景，并进行测试，这种方式将会有助于危机沟通人员了解危机层层涟漪的流动方式。在制订内部危机沟通计划时，企业需要结合有关的情境知识和未来可能出现的问题。根据相关知识来制订员工参与计划，同时需要特别关注当前事件的独特之处。如果企业能够充分投入时间来设计必要的具体行动，同时确保优先考虑员工，就很可能让员工更加积极地参与危机应对过程。

重要提示

如果企业能投入更多的时间，制订和测试危机沟通计划，就能迅速完成内部受众图谱的绘制。对那些在艰难和挑战环境中应对危机的员工团队，企业应该确保这些先锋军获得优待。然后开展员工工作，锁定员工与受众的接触点，比如员工使用正式的社交媒体或前台员工接触顾客时（例如，那些直接接待顾客的店员）。接下来，就需要仔细明确在这些接触点上，如何、何时以及由谁来向受众传递相关信息，从而让员工充分参与危机应对的实时进程。

员工也会通过各种媒体的渠道收集危机相关的信息，了解这点很重要。因此，企业必须确保公共叙事的一致性，在内部沟通和与外部媒体沟通的所有活动中，都要保证向员工发布的

信息和企业的公开声明是清晰且一致的。二者之间的任何分歧都会被发现，并有可能削弱公众对企业的信任和信心。别忘了，在事件发生之后进行的沟通中，员工也需要理解和消化企业发布的信息，并可能提出疑问。因此，只有保证诚实性和一致性，企业才能维持公众对自己的信心。如果企业已经制订出一份详细的危机沟通计划，那么就应该已经开发出让员工参与评估和支持危机沟通的具体方式。同时，员工还能直接检验企业内外部信息传播工作的效果。

信息：使用"对的语言"

企业需要充分考虑目前把握到的整体环境，才能得出一种合适的公共叙事，而且需要将叙事内容及时告知危机沟通活动的领导。公共叙事是一切沟通活动的基础，也是危机应对工作中最重要的环节。信息在传递过程中需要尽可能详细，方便人们理解正在发生的事情，以及知道自己需要采取什么行动应对。这一原则也同样适用于内部信息传播：诚实、透明和主动，都很重要。

员工需要理解企业面临的情况，这种情况对企业来说意味着什么，以及这种情况又对自己意味着什么。员工需要了然这一切，如此才能在相应职责范围内做出恰当的应对行动。企业需要基于公共叙事或核心文本传递内部信息，同时包括额外给员工提供相关信息。事实上，就信息传播而言，重点在于企业所表达的内容和恰当的口吻。而重中之重就在于，企业是否充分理解问题和事件对员工产生的影响，是否认识到必须有员工的努力参与才能有效处理当前情况并继续前进。在沟通时，企业要让员工感觉到开放和包容。与员工的交谈是彼此交流，而非指导训诫。假如一家小型建筑企业有工人受重伤，那么该企业在和员工交谈时就需要照顾弥漫在工友中的沮丧情绪，也要顾及那些因目睹该事件而受到心理创伤的员工。重中之重在于，企业要与员工并肩工作，而不只是发表声明，那会显得冷酷无情。

企业管理者通常期待员工能继续尽职尽责，不要太受危机事件的影响。但是，假如企业的声誉持续受损，员工必然深受其害。而且，正如之前所言，很多在未来有可能入职的"员工"会据此评估企业应对危机的能力。员工们的亲朋好友也会持续谈论危机事件，并将谈论内容反馈给这些员工。

员工的努力是危机应对成功的基础。因此，企业要在信息沟通过程中持续认可员工所付出的努力。例如，企业管理者可以点名鼓励某个员工小组或某个部门，以显示自己完全清楚他们正在进行的艰苦工作，这种做法会帮助员工树立信心。如果某个员工小组在早期阶段就能积极地应对危机，还能部分地掌控出现的问题，那就需要认可这个小组的努力。这种认可将会起到鼓励他们的效果，同时展现企业管理者对员工的支持态度，表明企业管理者很了解问题或事件带来的影响。类似这样的公开认可可以放入企业的内部声明。

内部的信息传递必须覆盖很多方面，这就造成起草的声明会很长。将信息分割成易于理解的小单元会更有帮助。绘制员工图谱有助于实现精准沟通。处理危机的关键在于和员工共赴征程，因此企业管理者需要促进员工对当前情况的理解并鼓励他们学会充分利用机会，而不是就只做个"甩手掌柜"，然后敦促员工将工作一次做到位。

内部沟通活动涉及以下几个方面的内容：

- 问题或事件的详细情况
- 企业为处理当前情况已经采取的行动和优先行动具体是什么
- 现在需要员工做什么，员工如何为企业当前的工作提供支持

- □ 如果当前问题或事件的性质令员工深受其扰，或是在参与应对时深感吃力，那将如何获得支持
- □ 详细阐明如何针对员工进行信息更新，包括具体的方式和时间

内部沟通应充分考虑包括员工福祉和支持在内的议题，第7章将会就此详述。

内部沟通的所有信息传递都应当由一位辨识度高并且受到认可的高管或首席执行官以一种温文尔雅的方式进行。前文提到，管理员工参与危机沟通的领导可能是一位来自人力资源部门的高管，那么在内部信息传递时就需要提到这位领导的名字，以便让大家将其视作领导者。危机当头，企业需要全体人员精诚团结、共谋出路，在这个时刻，如果企业内部传递的信息缺乏和"人"的联结，就会显得不近人情，需要避免让领导者和一线员工之间产生距离感，企业需要考虑员工会从沟通中收获什么，对当前开展的沟通做何感想。随着事态的发展，如果员工能够积极参与，危机沟通计划能够发挥作用，相关活动

可以开展，能确保高质量地传递信息，那么，这些工作就会提高沟通战略的有效性。如果现有结构已经明确整个企业的管理者在沟通网络中肩负的责任，那不妨让他们尽早就位，直接做出指示，并且就信息传播方式进行充分讨论。倾听这些分布在网络中的管理者的声音，鼓励他们在危机过程中汇总更多的观点并提出反馈意见。相关数据以及基于数据的分析将会让沟通活动持续可靠，这不仅是企业的需要，也是员工的需要。

针对未来的信息传播过程制订计划也很重要，而且应该在危机应对的早期阶段就开展这项工作，具体应该是在初始压力轻微消退的时刻。当企业从危机初始阶段迈向复苏阶段时，需要充分利用有关理解员工和员工所面临议题的数据和信息，以及有助增进这方面理解的运营信息，来制订长期的员工参与计划。很多危机的影响将会持续多年，这期间还会不断出现各种情况简报、总结、问询、报告和分析，所有这些都可能会对员工有消极的影响。因此，企业需要就组织结构和应对方法达成一致，落实到位，从而确保在未来危机突然袭来时始终坚持"以人为本"。

评估影响

就已经采取的措施带来的影响进行评估，是沟通活动面临的挑战，也是危机沟通面临的挑战。单一的评估方法并不存在，每个企业都会有自己评估内部沟通工作进展的标准。真正重要的是，企业要能拥有大致的思路，确保流程到位，从而能够收集数据和观点来支持评估工作。企业在建立危机沟通计划的意图和目标时，就需要明确衡量目标是否达成所采用的具体方法。

数据分成两种类型：定性数据和定量数据。在评估内部沟通活动是否成功时，这两类数据都会用到。也许，企业的工作重点是员工福祉，以及确保员工知晓在危机时期能够获取哪些支持。统计实际寻求支持的员工人数，将有助于评估事件造成的影响。不过，企业也需要了解员工对危机事件和应对战略的理解程度，以及它们对员工来说意味着什么。如果只是看到数字，并不能得到全面的信息。因此，企业需要抓住机会创建员工焦点小组，或者主动和他们交谈。这种做法能让企业获得更多的样本，了解所发送信息的接收情况，评估沟通活动对员工行动的影响，同时还能听取他们对有关员工士气的看法。

企业有必要了解一下由国际传播测量与评估协会（Interna-

tional Association for the Measurement and Evaluation of Communication，AMEC）开发的布拉克罗纳原则（Barcelona Principles），考虑如何利用它开展日常运营和危机评估这两个方面的工作。

　　企业应该采用合理的方法来追踪员工士气、怠工率和支持率，并且进行跨时间的纵向比较。这些工作会带来很关键的洞察，帮助企业开发更加详细的危机沟通计划，从而支持企业走上复苏之路。危机或任何后续的余波都将对企业的支持率产生影响，都需要进行追踪。企业领导者如何理解追踪得到的数据？这些数据对于沟通团队及其行动来说又会有怎样的影响？如何运用这些见解来提升员工的持续参与度？对于所有相关企业来说，每一次危机都可能造成长期影响，所以，危机沟通人员必须能够具体理解那些影响的内涵。

员工的未来

　　处理危机将为员工敲响警钟，特别是对危机后续问题的处理。有效且到位的沟通会特别注重员工的参与，而非仅是告知他们信息，危机沟通团队和企业领导需要优先考虑聆听员工的心声。危机沟通团队的行动需要保持平衡，确保投入足够时间和资源与员工面谈，而不是仅使用媒体开展这项工作。而且，成功的危机沟通方式需要有整体观，要将所有活动整合成一份计划，从而确保所有沟通活动的一致性和清晰性。

计划将确保系统合适、流程到位、结构合理，从而支持企业在危机伊始就进行整合沟通。领导者的职责在于能和员工进行有效沟通，将企业价值嵌入危机沟通全过程，能充分倾听员工的意见。

对企业来说，一切危机都很容易演变成为长期议题。危机会反复出现。因此，危机沟通团队必须找出引发危机再现的"扳机点"，制订相应计划确保及时向领导者发送预警信息，还需要制订合适的应对措施。危机沟通团队还需要逐步开展员工福祉和支持工作。一次危机的到来将在各个层面上考验企业的复原力，保障员工福祉才能支持企业的未来发展。通过有效行动和处理危机，企业可能声名鹊起。如果员工能够获得支持和关心，招募新员工和挽留现有员工就会更容易。否则，员工就很可能公开发表对企业危机处理的担忧，很容易加剧企业面临的压力。

就有效应对危机而言，员工是根本，理应作为危机沟通策略的核心。如果企业对待员工的方式是适当的，就更可能创造出有效的危机沟通战略。

案例
研究

星巴克公司

　　星巴克是著名的食品品牌，公司某家门店的一位经理的一些言行让该公司陷入了一次危机。2018年4月2日，美国费城门店的星巴克经理拨打911声称有两位男士非法入侵。之后这两名男子就被警察逮捕，他们在咖啡店抓捕和被押送离开的情景被当时的另一位顾客摄录并迅速上传到网络上，并像病毒一样传播开来。公众的关注点在于为什么会发生这种事，这次事件是否包含种族歧视。两天后，当地警察局和市长办公室就该事件展开独立调查。

　　据这两位男士的朋友说，他们一起到咖啡店谈生意上的事，两位男士被逮捕时进行了激烈反抗。而另外的视频显示，这疑似是发生在美国加利福尼亚州星巴克门店的一次种族歧视事件。

　　4月17日，星巴克首席执行官发布了一则视频，并在会见媒体时表示道歉，声称会采取行动。该公司主席接受了哥伦比亚广播公司新闻频道的采访，表示深感羞愧。该公司声称将在5月29日选择8000家商店，培训约175000名员工，活动预算在1670万美元。

员工事务

这次事件暴露了星巴克在内部流程和人员配置方面的问题。针对有可能发生的关键事件或危机，员工需要预先充分重视并有所警觉。门店员工要能迅速发现问题，关注一切有可能出现的问题，并且加深对这些问题的理解。

这次危机应对的关键在于信息传播，公司本应及时告知全体员工。人们需要了解实情和得到公司高层的道歉。当全体员工都参与危机应对过程中时，就需要执行定制化的内部危机沟通计划，该计划需要说明他们要告知公众的具体内容及适当时机。

最基本的就是星巴克需要和暴露在公众视野之下的每一位门店经理取得联系，因为危机事件及其影响范围不仅会在外部媒体上发酵，也会在公司的内部媒体上传播。因此需要将所有门店的运营纳入考虑范围，以便充分支持公司的危机应对活动。

在发表于《帕丁沟通研究》(*Pepperdine Journal*

of Communication Research）的一篇危机应对评估的文章中，作者阿维拉（Avila）、帕金（Parkin）和加卢斯蒂安（Galoostian）评论道："星巴克的成功归功于其快速发展的工作环境。但是，正是因为他们和顾客之间的快速人际互动，很可能会逐渐削弱顾客体验，以致演变成重视数量多于质量的公司。"

这会引发人们的思考，相对只是在5月29日进行员工培训来说，或许公司还有必要做出更多的改变，需要更长的时间才能转向危机的复苏阶段。

情况可能会更有利，但前提是星巴克的经理和员工都能更加积极地支持危机应对，能以真诚的态度公开发表声明，这样才能避免管理层采用自上而下的主导方式，才会更有信心让公司整体在应对危机时保持公共叙事的一致性。

学习要点

① 建立流程来提高员工对员工自身、政策或程序的关注度，并且得到鼓励和支持。

② 首先，也是最重要的一步，就是让员工了解情况，在正式对外发布信息之前，确保员工

获悉企业的应对方法和信息传播方式。

③ 如果公司清楚谁应该承担责任，就要抓住最早的机会让其承担责任。

④ 企业在开发和实施内部沟通时需要覆盖全体门店、员工代表和其他关键小组。

⑤ 随着事态的发展，企业需要定期发布最新信息，了解这些最新信息对员工产生的影响。

⑥ 鼓励员工真诚地投入危机应对工作。

本章小结

在制订危机沟通计划时，"人"所付出的代价和危机对"人"的影响从来都是考虑的重点。对待"人"的方式，无论是对员工还是那些受危机影响的人，都会从根本上影响外界对企业应对危机的评价。所有成功的企业都会将员工的参与视为立身之本，而且会在危机始终（也包括复苏阶段）对员工予以重视。

企业不能仅告知员工发生的事情，而是要让员工参与制订危机计划、应对方法以及计划实施和复苏的全过程。企业应确

保员工接受有关危机应对和沟通方法的培训，能够理解自己在应对过程中扮演的角色，包括如何和同事讨论发生的事情，怎样向公众传播相关信息，以及如何使用社交媒体。员工必须了解，无论是在家还是在工作场合，自己的一举一动都可能影响到企业的危机应对。

企业还需要由一位高级领导者带领危机沟通团队开展内部沟通工作，确保能从高层驱动。内部沟通、外部沟通以及与媒体沟通同等重要。企业需要有合适的人选承担这个角色，以便能够迅速行动和决策，调动资源支持这个领域的工作人员。

企业应了解现有渠道及其作用，明确这些渠道所针对的受众群体，了解这些渠道用来发布信息是否可靠等，并且可以利用这些渠道针对危机之下的员工开展内部沟通。无论选择什么渠道，也无论是内部沟通还是外部沟通，都需企业保持沟通信息和叙事的一致性。

最后，员工沟通必须和员工福祉部门密切合作，共同为受危机影响的员工提供支持。一旦让员工感觉得到企业的关心和支持，他们就更可能和企业达成统一战线，为企业心甘情愿地工作。

第 **5** 章

高处不胜寒：
危机中的领导者

危机管理想要成功，关键在于强大有效的领导力。这不仅要求企业的最高领导者具备领导才能，而且还需要危机应对结构中的每一层级都能体现领导力。第1章我们曾经探讨危机应对的组织结构，每个人作为危机应对的一员，需要承担相应责任并高效完成工作，以便支持企业安全度过危机，迈向复苏并驶向光明的未来。

之前章节曾经提及，在管理危机沟通时，员工的信心有着举足轻重的位置。想要员工树立信心，企业就需要在问题或事件发生的整个过程中采取合适的领导方式。只有当员工充分信任企业管理者，并且认为自己获得的信息正确无误，才能逐渐增加信心。传递给员工的信息必须是有帮助的，并且和员工切身相关。所谓领导力，远不只是拥有可以支持制订和传播计划的有效系统，也远不止于能够应对当前的情况。领导者需要拥有某些必备特质，才能带领企业完成极富挑战的任务。

驱动危机应对进程

企业要想迅速完成危机应对，平时就需要准备好应对计划，从而快速进入临战状态。在危机来临时，首席执行官或主管等领导者要能在第一时间获知情况，在全体人员中最先收到警报，进而发动相关员工保障流程到位，来支持企业应对危机。因此，首席执行官必须同时参与制订危机应对计划和风险管理这两个方面的工作。这样才能成为企业的最棒"管家"。企业领导者应能推进企业进入临战状态，随时迎接各种可能的情况。事实上，企业首席执行官的兴趣点和关注点将会成为其余员工注意力的风向标。换言之，如果企业领导者表现得很重视开发风险管理和危机计划，那么其他员工也会优先考虑这些工作。

企业领导者的关键任务就是在危机应对过程中和危机沟通团队一道工作，重点在于确保他们参加过应对计划的演习和测试。他们的工作会非常具体，将受到公众、员工、社交媒体和相关人员等的高度关注，他们的一举一动和应对举措都将成为公众关注的焦点。

假如企业领导者不能理解危机对其角色的要求，缺乏相应的技能和特质，不愿承担勇往直前迈入聚光灯下的责任，就将对危机应对产生明显不利的影响。因为，如果危机沟通专家试图努力和不够投入的领导者合作，就会深感挑战和艰难。缺乏强大的危机领导力必然会影响危机沟通的效果。在制定危机沟通战略时，危机沟通专家及其团队可以将这个问题摆到桌面上讨论，并借此评估领导者的必备能力，同时需要十分明确对领

导者的要求。或许还会涉及针对各层管理者发展技能和复原力进行的培训和监督，这些工作都需在制定、评审和测试危机沟通战略时完成。

危机领导者特质

在开展有效危机沟通的过程中，有10项关键的领导特质已被证明能够发挥作用。如果某位领导者全部具备这些特质，就更可能让企业实现最优化状态。这10项特质也应成为所有领导者追求的目标。

这10项特质具体包括：

- ☐ 善于激励
- ☐ 保持一致
- ☐ 果断决策
- ☐ 慈悲同情
- ☐ 清晰可见
- ☐ 遵守伦理
- ☐ 韧性复原
- ☐ 承担负责
- ☐ 有效沟通
- ☐ 管理预期

善于激励

企业在受到危机影响时，有可能整个世界的目光都会聚焦于企业领导者或该企业，他们的一举一动都难逃公众的审视和分析。受危机影响的员工、顾客和相关人士都希望相信事情已经得到控制。企业员工希望获得支持，以便能在事态发展中尽职尽责。而所有这一切都需要企业领导者拥有积极主动的姿态，能够带领员工，并营造一种让人感到必能力克时艰的氛围。为此，领导者需要深入一线、身先士卒，展现对员工所受影响的理解。无论危机的影响是多么曲折多变，积极的领导者都需要始终表现得从容不迫，这种态度将会令每个人受益，也会有助于员工树立信心，只要拥有信心，员工就会继续按部就班地工作，相信自己的付出能够促使企业前进并推动危机的复苏。

保持一致

之前章节就曾强调，明确有关危机的一致性叙事并确保企业上下都能理解，这点十分重要。保持叙事一致性才能使企业上下在危机应对时树立信心。领导者可以在关键时刻倡导企业的品牌价值来实现这点。随着问题或情况的发展，企业也可以变更基本的经营原则，这相对来说会更加容易，企业也会面临更少的艰难决策。但需要强调的是，当企业面临巨大压力

时，领导者才更需坚守其所捍卫的愿景和精神。实现这点需要获得员工和消费者的理解，并在重大压力时刻促使他们坚定信心。如果企业领导者能够从自身体现出企业品牌所标榜的价值，那么其他员工也将跟随其脚步，从而在整个企业内部构建一致性，这点对危机沟通尤为重要。

果断决策

危机应对需要迅速行动，所以需要领导者的快速决策。领导者需要表现得胸有成竹，在决策必要行动时显得轻松自信。每一次在继续布置要执行的任务时，领导者都不能露怯或紧张。正因如此，领导者需要参与制订危机应对计划，以便充分了解计划的详情，从而能在危机发生时迅速行动、做出决策并指挥应对过程。领导者在进行危机应对时除了保证迅速还要保持从容，因为一旦加速就很容易显得惊慌失措，容易让人们丧失信心。真正的领导者善于倾听企业内部专家的建议，善于根据这些意见来调整应对行动。领导者需要在指导性和员工参与度之间小心谨慎地建立平衡，确保员工能参与制订计划。还有一点很关键，领导者需要充分听取并理解受危机影响的人员和公众代表的观点，并且向公众展现这种诚心听取的态度。如果不能诚心听取，可能会造成行动方向上的失误，并导致危机周期延长。

慈悲同情

从历史经验来看，公众在危机期间对领导者的期待就是他们能够表现出韧性、镇定和积极行动。这些依旧十分重要，但除此之外，公众还会期待他们能够在整个危机沟通和行动过程中表现出人情味儿。我们能从新西兰总理杰辛达·阿德恩（Jacinda Ardern）在2019年恐怖袭击事件的应对中感受到他的真诚与慈悲之心（本章结尾将会呈现这个案例），我们也能从奥尔顿塔（Alton Towers）的首席执行官对过山车事件中受伤者的关注看到这一点。公众希望看到危机问题或事件所引发的情绪得到了企业高层的准确理解。我们会在本书案例中继续深入研究这一点，特别是在第8章讨论阿尔顿塔案例时。每当发言人向公众发表声明，最重要的就是要能体现出领导者十分理解人们在危机或事件中付出的代价。换言之，领导者在接受媒体访问或录制相关视频时，都需要充分表达出这一点。如果企业领导者在应对中丝毫没有情感流露，就会显得冷酷无情。然而，他们也不能显得过于情绪化。因此，他们需要在这个行动中保持谨慎和平衡。领导者需要在危机或事件中自然流露人性，这会有助于达到更好的应对效果，只要他们的表现是出于

真诚的，那么流露出的情绪也会被人们接纳。领导者需要平易近人，充分了解公众反应的重要性，在处理事件时能够首先作为一个真实的人出现，而不仅仅是藏在企业负责人的外衣之下。

清晰可见

如果企业领导者从危机开始阶段就不露面，将会被公众视为在逃避问题，也会反映出企业的应对水准。之前提及，企业领导者首先要做的就是确认危机发生了，这点非常重要，唯有如此，才能显示企业知情，并为公众建立起对企业所采取行动的信心。这就要求领导者在整个危机应对过程中能对计划涉及的关键群组保持清晰可见，无论是公众还是员工都能了解领导者的行踪。这一要求的确会让领导者在本来承担的巨大责任之上再额外加码，造成更大的压力。但在应对措施的其他方面，可以将沟通和清晰可见作为优先事项。领导者必须运用沟通技巧来展现他们正在参与危机应对工作，而且正在会见受到危机影响的人士，并听取他们的观点。如果启用其他某位高管负责危机沟通工作，那也很好，但在某些时刻，领导者必须发声。领导者与遭受影响或深度参与应对的关键员工进行面谈很重要，他们还需要对关键的外部群组及个人进行访问，包括危机的受害者及其家人，以及利益相关者和股东等。这项任务十分烦琐，但它正是有效管理危机并将企业带向复苏的关键步骤。危机沟通计划的核心就是领导者要扮演关键角色，充当企业的"门面"，从危机早期的某些关键时刻就开始稳扎稳打地承担起这项任务。

遵守伦理

在危机应对过程中，领导者必须专注于做正确的事情，而不是把焦点放在维护企业声誉上。2006年，两个年幼的孩子在科孚（Corfu）的一家旅馆因一氧化碳中毒身亡，旅行团的经理托马斯·库克（Thomas Cook）由于对受害者家庭回应不当而遭到严重批评，最终被迫在2015年的开庭审讯中公开道歉，而他们本来可以用一些相对更容易的方式进行道歉。牛津饥荒救济委员会的领导者也曾遭到类似指控，当时是有关性剥削的事件。领导者在企业运营过程中需要以一种符合伦理且很人性化的方式工作，这点非常关键。企业必须在相关的伦理和法律框架内运营，并且确保决策不能越界。但是，企业领导者还需要有更进一步的考量，即考虑由公众意见构成的"法庭"。假如企业领导者优先考虑的是企业声誉，就很可能造成决策失误。因为这种出发点的根本逻辑就存在缺陷，他们在行动时会更看中事实和数字，但付出的代价就是忽视具体情境

中人的情绪。真正合适的方式是去做真正有助于度过危机的事，这才应当作为行动的出发点。同时，企业需要确保所有参与者都能感到自己被支持。再次强调，企业要在行动时考虑外部人士将会作何评论。在这方面，重要的就是对来自社交媒体和员工的观点进行监控，从而确保应对危机的过程顺利。这正是危机沟通团队需要提供给企业领导者的一项关键服务。

韧性复原

在领导者的职业生涯中，处理危机都是令人筋疲力尽的工作，也是压力最大的时期。领导者可以利用这种机会有效应对危机，让自己站稳脚跟、深受员工信任。同样道理，危机沟通团队也可以通过成功处理危机来建立口碑，但同时也可能因为应对不利而声名狼藉，甚至因此终结职业生涯。企业领导者需要不断成长，从而在危机应对过程中拥有足够的内在力量。他们需要充当企业的"门面"，同时指挥行动，逐步落实转向复苏的长期计划。有时，他们身负重担却不能表现出来，而是需要始终保持相当的沉着冷静。但是，这并不等于说他们应该忽视自己的心理健康，正如那些可能遭受创伤性环境影响的人们一样，企业领导者也需要寻求帮助。这点将会在第7章中讨论，届时将会仔细地探讨复原力和员工福祉。

承担责任

正如我们已经发现的，危机的到来将会给企业领导者造成巨大压力。他们需要顾及企业的日常运营，参与危机沟通，还需要管理和利益相关者的关系。在危机应对过程中，每个人都想从领导者的时间和精力中"分一杯羹"。在此情形下，企业领导者需要接受媒体访问，各部门主管则会寻求对安全的确认以便安抚员工。同时，政治家、商业领袖和银行机构也都会参与进来。有效的危机管理是基于团队工作而非单打独斗，但领导者也必须承担相应的责任。例如，领导者需要做出某项艰难的决策并为此承担责任。如果需要向遭受危机影响的人士致歉，领导者也应当仁不让。他们是问题或事件的追责人，更是企业危机应对的代表。因此，他们需要在面对不同领域开展沟通时充分采纳专家的建议，确保采取的行动能够针对最紧迫的工作需要。他们也必须进行有效的时间管理，此时在危机应对框架中为他们配备的助理可以协助他们安排日常工作。

有效沟通

所有首席执行官和企业高管都必须理解有效沟通对支撑企业运转的重要性。也就是说，危机沟通团队必须能够体现出其工作在企业日常运营中所占的优先地位。如果能由首席执行官

或某位高管来担任企业的重要发言人，在危机真正发生时会很有帮助。企业领导者不仅需要理解自己在危机沟通中扮演的角色，而且要成为卓有成效的危机沟通专家。他们需要有能力和不同阶层的人士进行对话，跨越不同的社会领域与人沟通，接受最富有挑战的媒体访问，而且很清楚如何在社交媒体上表现得体。后者十分重要，很多首席执行官和高管都会定期使用社交媒体与消费者、服务使用者及员工进行互动。在危机应对期间，领导者在社交媒体上的一切动作，包括是否更新近况，都将成为公众密切关注的焦点。

管理预期

如果企业领导者能在危机早期阶段就分享叙事，并能和人们并肩战斗，就能为所在企业和他们自身都赢得信任和信心，具体做法是，以开放和坦诚的方式来分享有真凭实据的相关信息。他们应该管理公众和员工的预期。假如需要花些时间才能控制事态的发展，那就如实相告并做出解释；假如需要获取额外的专业技能来处理问题，也可以如实做出解释。如果企业领导者能做到开诚布公，就会在危机应对过程中让人们对企业更加信任并充满信心。

正确的形象

领导者的10项特质提示出他们在应对危机时应当采用的方式，就成功的危机沟通而言，决策制定和遣词造句都很重要。还有一个重点就是别忘了我们是生活在可视化的世界，某人以何种形象示人，依然是一个影响公众和媒体如何看待其本人的关键因素。管理个人形象不仅事关危机应对，也是企业领导者的日常工作。这点貌似无关紧要，但实际上，企业领导者的形象会被视作企业健康的晴雨表。他们会被视为员工领袖和代言人。

重要提示

细节决定成败。一件精心熨烫平整的衬衣看起来干净整洁，会给人以一切尽在掌握的即视感。企业领导者需要留意公众形象的细节表现，无论是在媒体面前出现还是在其他互动场合现身，第一印象始终非常重要。如果企业领导者接受电视采访，需要安排好最佳机位，以便呈现出最佳画面。

在讨论领导者特质时，其实领导者的形象并不需要总是百分之百完美，或者像之前提到的那样总给人"一切尽在掌握"的感觉，而是可以展现出一些柔软和脆弱的人性部分。因此，领导者需要结合危机所在环境和企业在制造并管理危机中扮演的角色，同时兼顾针对危机的各种外部声音和情绪。综合权衡这些信息，领导者才能找到平衡力量感和脆弱性的最佳方式。例如，企业对危机问题负有部分责任并且需要致歉，那么就需要领导者在沟通中真切呈现出对危机波及人士所遭受影响的充分理解，这点非常关键。而假如企业并不准备承担责任，那么如果领导者表现得十分情绪化就会被视为很不可靠，是在哗众取宠谋求支持。因此，在体现领导力特质的同时也需要坚守沟通的伦理。

领导者的个人形象很重要，同时领导者也要重视沟通措辞和个人风格。重中之重就是能够从个人一致性的角度传递出真诚的态度。危机沟通专家可以负责起草声明，提供针对提问的答案并设定公共叙事，而领导者必须胜任要讲的内容。他们需要练习并找到一种符合个人风格的遣词造句及表现方式，这样才能进行建设性的对话。危机沟通专家和企业领导者应该建立工作联盟，支持彼此间开放和坦诚的讨论。危机沟通专家必须拥有自由并获得支持，这样才能向领导者献计献策，而领导者需要适应这种谈话的性质。究其根本，一位领导者既需要考虑自己的穿着和外表，也需要表现出自己和所说内容的个人联结感，要表现得真诚，增加受众对危机应对的信心。

领导者沟通力培训

企业发言人的外表固然重要，但同样关键的就是他们需要接受有效培训，以便能够从容应对媒体采访、社区会见、与利益相关者和员工的交流。在企业领导或高管团队管理企业的过程中，这种训练对企业发展来说至关重要。出于各种原因，这一工作领域常被忽略，比如预算不够、时间压力或管理层缺乏开展媒体和沟通培训的意愿等。企业内部负责沟通的首席专家需要提议开展相关培训，尽力说服高管。因此，现代危机沟通人员所应有的关键技能就是施加影响和协商。当危机的压力即将达到顶峰并压向高管时，他们必须快速反应，因此必须提前熟练掌握相关能力和必备技能。现在，他们就需要多花时间做好准备，以便在未来能够从容应对。领导团队必须参与危机沟通计划的制订和测试，这点在第1章已经强调过。这种方式会

帮助领导者充分备战危机。相关培训也需更加深入，而不止于了解危机沟通计划。

企业领导者必须理解如何构建工作框架，并且用个人风格将其表达到位。这并不是说领导者要八面玲珑，而是说他们需要真诚以对。发言人事先准备的现成措辞只会削弱危机应对的效果，因为这在观众看来就好像照本宣科。危机沟通人员在危机早期就需要和发言人讨论声明的细节，让他们熟悉那些遣词造句，并根据需要进行调整。同时，危机沟通人员还需要帮助企业领导者完全理解自己要讲的内容，融入自身的语言风格。在围绕危机管理沟通时，危机沟通人员需要考虑具体的执行表现，而不是被动地走走过场。提前演习可用于一切执行表现，帮助人们掌握自己的台词，理解要承担的工作，从而在真正面对受众时更有信心。同样，危机发言人也需要针对危机沟通计划和企业的危机沟通战略进行演习和总结，他们应该明确沟通方式和有关措辞，也应该知道自己在危机期间接受媒体访问时需要呈现的形象，而且应该接受训练，直到感觉自己可以胜任危机沟通的挑战。投入时间充分准备、完善和演习是值得的，换言之，要确保首席执行官、高管和发言人都已做好最充分的准备，随时迎战一切危机。

领导者形象的核心是真实、真诚并能对公众表达关心，偶尔显得有些脆弱也无妨。

发言人的选择

在选择发言人时，优先考虑由企业最高领导者分身担任这一角色，通常会是这样，但有时这会不可行或不适合。某些情况下，企业的最高领导者会深度参与危机应对而无法抽出时间担任发言人，或者出于种种原因被公众视为不够真诚。在这种情况下，企业就要确保找到拥有之前提到的必备特质的合适人选。通常我会建议整个管理团队接受培训，以便找出可以胜任发言人的人。考虑到需要为全体高层领导提供危机时期媒体应对和沟通能力的培训，不妨给出信任来邀请一些危机沟通专家来提出建议或开展培训。很多高管发现难以向基层员工学习，而危机沟通专家则会充当专业的协调角色，在危机沟通团队和领导团队这二者间搭建桥梁，促进双方协同工作。

发言人必须承诺投入大量时间承担和危机有关的媒体和沟通活动，具体包括接受媒体访问、开发数字应急包、会见关键

员工，并且和利益相关者会谈。如果危机的应对结构到位，发言人的这些责任就能得到分担，从而支持企业上下所传播信息的一致性，并确保公共叙事能够被危机沟通的全体参与者清晰理解。如果你是一家小型企业的首席执行官或主管，你就需要有能力通过号召赢得支持，以便能合理管理危机应对和沟通，这部分应当纳入危机沟通计划。

所有准备担任发言人的人士同样需要时刻准备好被危机团队征用。在意识到危机正在发展或刚刚露出端倪时，这些人就应该被召集到位。每个组织都需设立值班日程表，针对办公时段之外的突发事件进行回应。具体可能涉及，危机沟通团队在处理一个紧急的媒体问题时需要能够在24小时内和某位高管取得联系。这位高管的角色需要纳入危机应对结构，写入危机沟通计划，从而在发现危机发生时就能尽快处理。事实上，在整个危机过程中，随时能够让高级领导者参与进来，保持这种管理水平是非常关键的，这样才能及时应对问题。对于企业的发言人来说，需要保持对各个层级的可见性。

如果一次危机耗时良久，就不大可能自始至终都只有一位发言人，毕竟人的精力是会耗竭的。即便危机只持续48个小时，也必须连续开展沟通工作，因此需要为发言人配备副手。如有可能，优先考虑启用同一张面孔，使用同一位发言人；但如有必要，就可以起用副手。这两个人都需经过必备的媒体和沟通训练，以便胜任危机处理工作并且详细理解危机沟通计划。危机应对计划落实成功的关键就在于让他们详细理解计划和方法的程度，以及是否对自身的沟通能力充满信心，并保持企业对危机叙事的一致性和连续性。

发言人的角色很关键，理应得到支持，危机沟通专家在危机发生期间需要持续为发言人提供建议和指导。具体包括，提供可用渠道以便进行更积极的沟通，比如接受媒体访问和进行直播，帮助发现谣言或需要反驳的不实信息，同时随着危机的进展和变化，还需要不断引导和完善公共叙事。危机沟通团队需要迅速而持续地将这些支持工作打包并提供给发言人。

为发言人提供支持

所有企业在制定危机沟通战略时都需要重点关注组织结构，结构合理就能在危机发生期间有效支持决策的制定。第3章中曾经详细讨论过这点，当时探讨的是负责命令和控制的角色，以及管理组织应对的可行方法。结构只是关于有效危机沟

通的整个拼图的一块，另外一块是需要完成受训并准备就绪的发言人随时开展工作。在危机中，有志承担挑战性角色并能做出快速反应的人士真可谓重担在肩，但他们并不是孤军奋战，危机管理是团队作战。

在领导者处理危机时，很有必要选择合适人选为他们提供操作性的建议。正如之前提到的，无论面对的是怎样的危机和环境，都应该提前制定好战略并且随时启用。所以，针对危机或者事件，这些提供建议的专家将成为所制定战略和具体行动之间的桥梁。负责沟通和公共关系的企业领导者可能就是这些专家之一，其他专家可能来自企业的其他部门和运营活动，还可能是负责管理利益相关者的领导。在计划和流程中需要确认这些战略建议专家的角色，并且安排他们在危机伊始就启动工作，协助领导者做出决策。一个最富有挑战的问题就是，法律顾问的意见可能会与沟通和公共关系专家的意见相左，因此二者需要平衡，即优先考虑企业的法律效应，不接受任何不必要的责任，同时维护企业的日常运营。而公共关系领导则会从道德视角出发，并且尽力保障企业的未来声誉。这二者之间常常发生冲突，可能造成论战，此时就特别需要危机沟通专家能够和法律团队建立良好的工作关系，并且具备影响力相关技巧，以便采用一种稳妥的姿态支持企业道歉或是以某种形式承担责任。在每天工作结束时，企业的高层领导需要面对面地聆听建议并做出决策。

身居危机应对的高位可能让人深感孤独，因为这需要领导者尽力掌控，并力求正确决策。而当领导者做这一切时，还会将自己置于社交媒体的聚光灯下。企业的最高领导必须拥有足够韧性才能消解压力，保持决策所需的清醒头脑，并展现出一种对问题及其受影响者的深刻理解。对于任何一个企业的任何一位领导者而言，这些都会构成最艰难的考验，而且危机管理是否成功会直接关乎他们的未来。他们需要保持积极心态，从而带领团队和企业上下团结一心共度危机并走向复苏之路。正因如此，他们需要虚心听取战略顾问的建议，后者提供的信息能确保他们把握全局和正确决策。正如之前提到的，这些顾问具备专业知识，在专业领域内能够向领导者提供更多选择，并且能对相应的结果做出预测。

消极沟通并使用消极术语将会让企业形象受损，在讨论中和所有沟通的过程中应禁止使用它们，无论是针对内部还是外部的信息分享。有时领导者在讲话时很难避免谈及危机管理并不成功，这就可能会让危机应对过程受到不利影响，也会传染给团队中的其他成员，导致危机应对一败涂地。在应对危机的过程中，只能使用积极术语，只有积极的术语才能被接受。还

记得英国石油公司"深海浩劫（Deepwater Horizon）"的危机
管理案例吗？该公司首席执行官在抱怨有关自己因处理灾难而
遭受影响时的措辞在危机应对和复苏过程中都招致了巨大麻
烦。2010年4月20日，在美国休斯敦的东南部近海区域发生了
一次石油泄漏事件，导致11名船员死亡。两年后的4月22日，
钻井平台沉没，引发美国水域发生有史以来最大范围的石油
泄漏。英国石油公司首席执行官在危机发生期间于托尼·赫华
德（Tony Hayward）发表的系列声明都遭到批评，批评的着眼
点包括公司早期因不重视而造成的严重影响。5月30日，他对
一位记者说："我们对本次事件给人们生活造成的巨大伤害深
表遗憾，没有人会比我更不想让这种事发生，我真希望时光倒
流。"他的这些说法归根结底还是在考虑自己，因而被那些受
到危机影响的人士及其家人视为极其自私。

保障员工福祉

　　危机的发生会给在初始阶段就参与应对的人们造成巨大压
力，他们需要迅速行动并做出决断，这种要求会令人感到压力
巨大。而且，要有专人安抚危机的受害者及其家人，或者投入

其他安抚领域的工作。除了应对危机，有一部分员工还要负责维持企业日常运营，可能还会有一些员工在这个阶段深感艰难。所有这些人都需得到额外的支持和关心，需要在整个危机过程中被照护。每当发生危机时，员工福祉都是企业内部危机应对工作的关键部分。企业需要为那些感到压力的员工提供合适的服务。提供的服务有很多，因此企业要在准备阶段就明确员工可以获得哪些服务，这项工作很重要。这里的支持可能是指为员工提供心理咨询，让员工接受某种谈话治疗，或者只让员工有机会在汇报情况时分享独特见解。

无论是在危机过程中、结束后，还是在未来数月甚至十几年的时间里，企业都必须确保员工可以获得支持，但重中之重就是要充分与那些想要获得支持的员工共情。如果员工因处理危机时心理状态受到影响而寻求帮助和支持，那么领导者不能视其为软弱。企业的领导者有责任创建一种支持员工求助的企业文化，确保员工可以获得支持性服务。会鼓舞人心的领导能让全体员工认识到他们将会得到支持或享受服务，这很正常，毫不足奇。第 7 章还会就此详细讨论。

危急时刻领导者必须决定是留下共渡难关，还是辞职离开企业。这听来似乎有些凄凉，但这就是重大危机来临时的现实情况。领导者在决定之前需要考虑很多因素。例如，有些危机

造成的结果非常可怕，而企业似乎要对此负责，这种情况下来自各方的呼声迟早会让领导者下台。一位高效的领导者会很清楚要发生的情况以及可能给企业声誉造成的长期损害，及时离开或许是明智之举。然而，在大多数情况下，重点在于，企业领导者能够承担责任并且表现出一切尽在掌握，这些做法将会鼓舞团队，同时也会让消费者、利益相关者、股东或更大范围内的公众重拾信心。企业领导者要能够展现清晰可见的领导力和对局面的掌控能力，确保企业正在积极应对管理危机，并且相信企业能够回归常态。领导力会体现在他们继续带领企业安全度过危机并走向复苏的过程中，即便他们选择在危机复苏之后离开。

领导者工作清单

下面我将提供两份工作清单。第一份是有关领导者在危机初始阶段应考虑的重点和准备事项；第二份是有关长期应对危机的重点和准备事项。这些都会影响企业对危机应对的有效性。

危机伊始工作清单

➤ 确保自己已充分知情、理解问题及其未来进展。

➤ 回到"总指挥部"或者运营中心，从那里管理危机事件。

➤ 直接联系关键利益相关者，就危机发生向他们提供早期预警。

➤ 确保自己在接受媒体访问或出席所有重要会议时穿着得体。

➤ 将关键的战略顾问召集到一起。

➤ 约见一些员工，通过监测必要行动和确保有适宜的人员和他们沟通以提供支持。

➤ 找出受影响的群组和个人，将其纳入危机沟通中并且作为未来的沟通活动。

➤ 会见危机沟通团队领导者，以便就初始叙事和关键信息达成一致。

➤ 走访企业牵涉的运营部门，让正在解决问题或处理事件的一线员工能够见到领导者。具体部门取决于危机性质。如果是声誉危机，领导者在沟通和公关办公室现身会更合适。

➤ 设立会见的结构和时间表，定期进行信息更新。

 长期应对危机的工作清单

➡ 设立会见程序，与受影响最大的员工面谈，确保所有关键部门都能参加。即便有员工没有参与会谈，也要知晓领导将会和员工面谈，这种态度本身就会帮助员工。

➡ 员工福利要到位，要就如何获取相关服务进行详细沟通，鼓励管理者帮助感兴趣的员工获取相关服务。

➡ 确保有专门的工作组负责危机后果管理，绘制利益相关者图谱并掌握股东概况。

➡ 启动程序汇报危机应对情况，总结已进行的应对活动。

➡ 接受这种视角：危机会对企业声誉造成影响。

➡ 评估危机沟通计划，在连续推进沟通的过程中保持积极姿态。

➡ 建立一个员工小组，采纳他们在审查和汇报中提出的建议，做出改变并跟踪进展。

➡ 评估危机应对结构，找到需要改进之处，提出涉及未来所需的培训和演习计划的相关建议。

➡ 确保以一种开放、透明和积极的方式持续进行沟通。

案例
研究

美国新奥尔良洪灾和新西兰恐怖袭击对危机领导力有何启示

2005年8月29日，卡特里娜飓风（Hurricane Katrina）在美国登陆，摧毁了新奥尔良市（New Orleans）。堤坝被洪水冲破，城市被洪水淹没，导致超过10万人流离失所。之前曾有数项研究表明该地区很可能发生严重洪灾。

飓风登陆前一天，该市市长和州长下令民众撤离，但没有详细说明应该如何撤离。与此同时，这一交流指令并没有传达到所需受众。该地区是美国的严重贫困地区，绝大多数居民依赖公共交通出行。当时飓风风速高达每小时125英里（1英里≈1.61千米），风暴高峰到达9米时，很多人依然滞留家中，结果造成1000亿美元的财产损失和超过1000人死亡。电视新闻画面令人震惊，洪水肆虐上涨，人们被困家中。

8月31日，州长下令滞留居民撤离该地区，但却没有为他们提供可用的交通工具。就在同一天，乔

治·布什总统在得克萨斯州度假结束后返回华盛顿途中恰巧飞越该地区上空，并且在之后视察灾区和疏散受影响人群时多次出现延误。结果，从联邦应急管理局的各级领导到总统都受到公众批评，被认为反应太慢。

公众看法

尽管事前研究指出洪水可能造成巨大影响，但人们却似乎对洪水可能带来的风险无动于衷。洪水来袭时，美国新奥尔良市的居民们不知所措，在饱受惊吓和创伤的情况下努力摸索应该做些什么。

有关疏散的沟通也很失败，因为相关信息要么是没有送达民众，要么就是被民众选择性地忽视。在风暴早期阶段，政府官员和媒体传达给民众的信息相互冲突且令人困惑。民众没有撤离的动机，或许正是由于信息传播的失败，也可能是因为公众对发言人缺乏信任。领导者被指责不了解该城市的社会经济状况，有关撤离的信息传播缺乏可信度。在当时情况下，人们只能自行摸索到底应该采取什么行动。

鉴于局势的严重性和受影响的人数，当时的美国总统缺乏可见的领导力，这让民众深感失望。他被拍到乘飞机飞越该地区上空，这给人的印象是这次事件对他来说事不关己。总统和灾情保持距离，就无法更好参与危机应对和重建，而他对受影响地区和民众的访问又屡次延误，更加深了民众对他的不良印象。

学习要点

① 测试计划，确保受影响的人知道计划内容和他们需要做什么。

② 了解自己所在的社区，知道社区居民是谁，他们如何生活，以及如何接收信息（详见第6章）。

③ 确保信息传播的渠道和内容可以抵达受众。

④ 联合社群领袖和其他关键角色分享关键信息。

⑤ 确保公众看到领导者近距离处理事件或问题，亲自参与其中、感同身受，并且展现出了可见的领导力。

⑥ 危机沟通团队应培训并支持领导者，为其提供有关领导力和危机沟通的战略性建议。

对比

2019年3月15日，在新西兰发生了恐怖分子针对清真寺的恐怖袭击，袭击发生时，教徒们正在祈祷。50人在袭击中丧生，而且，这次袭击的片段在脸书上被直播。之后，新西兰总理杰辛达·阿德恩的危机应对能力受到全世界的赞扬。

她迅速在电视上露面，就该事件发表了强有力的声明，在展现政府力量的同时也体现了慈悲共情。适逢不同社群既互相关心又互不信任的时刻，她的努力表达出对团结一致的呼声。

她最初的声明包括以下内容：

"我们的思绪和祈祷会和今天的所有受难者同在。教堂曾经是这些受害者的家园。对很多人来说，尽管并不在这里出生，但他们却选择了新西兰。

"他们主动前来，投身至此，生儿育女，爱人被爱，完全融入了所在的社区。很多人来到这里，是因为这里十分安全。他们能在这里自由践行自身的文化和宗教。"

这些话充满力量，在受害者及其家人、新西兰这个国家和她本人之间建立起一种直接联结。阿德恩还亲自看望并慰问了受害者及其家人，而且她在发表声明时也表现得很难过，很有人情味儿。在哀悼亡者时，她毕恭毕敬地戴着头巾，提出要为受害者支付丧葬费。

在一次大规模的公众活动中，她拒绝说出袭击者的名字，这样袭击者就无法得到其渴望的恶名。她在整个危机期间都坚持这种立场。最初的危机应对之后，她还迅速转向改革新西兰枪支法的讨论，进一步表明政府要采取果断措施改善现状，并会从这次危机中吸取教训。

学习要点

① 铭记那些能够体现关心和慈悲的小事，比如戴上头巾的阿德恩。

② 在积极应对危机的同时，领导者还需发现能够从事件中学习并改变的方式。

③ 将那些受到事件影响的人士作为应对危机和危机沟通的重中之重。

④ 领导者可以呈现人性和脆弱性，这并不影响他们的强大和果断。

本章小结

　　安全度过危机需要强大的领导力。但是，领导力并不仅仅来自首席执行官或者企业的其他负责人，面向员工的各层管理者也应具备领导力。在危机开始时，企业领导者即便不充当发言人，也应扮演关键角色。企业领导者肩负诸多职责，或许无暇满足危机沟通工作的要求。他们必须在事态恶化之前就开始谈论危机，否则将被视为逃避问题，并会因此招致批评。企业领导者需要参与制订危机沟通计划，以便充分探讨自己应承担的角色和采取的行动。

　　有能力应对危机的领导者需要具备10项关键特质。其中首推一致性，这要求领导者能采取合理方式应对危机事件。企业领导者在应对危机时会流露出一些情绪，这点是可以接受的，但关键在于真诚。领导者需要理解并明确危机沟通的重要性，同时确保应对过程符合伦理，不能仅仅考虑保护企业或本人的声誉。

　　领导者需要开放地接受有关如何自我表现的培训和反馈。他们应完全能够做到正确且恰当的表达，这其中重在充分准备。企业需要挑选强大和成功的领导者，让他们接受正规培训并学会有效沟通。

培训能够胜任发言人角色的若干预备人选。在发言人深感沟通工作压力之大时，可有一组人随时准备承担这一角色。确保参与者具备心理韧性，组织的方式也同样需要富有弹性。这些预备人选越是能胜任该角色，就越可能在危机开始的关键阶段找到最适合的发言人。

领导者需要准备好倾听来自身边可靠顾问的建议，向他们学习相关领域的知识。领导者需要充分利用顾问的经验，使用危机沟通计划中的核查清单等工具来支持和引导自己。如果你是危机沟通专家，就需确保危机沟通计划涉及针对各层管理者的核查清单及相关指导和支持，尤其是服务于企业领导者的内容更需要在计划中重点强调。

第 **6** 章

社群影响：
危机的后果管理

人们会就企业应对某次危机的表现做出评判，而严重影响这种评判的是在危机中"人"被对待的方式。无论危机引发的后果是否由企业直接造成，如果企业能善待那些因危机而受苦的"人"，就都会因这份善举而获得公众的认可。人类社会正是如此，重点总是关乎"人"本身，不管解决问题的效率有多高，如果没有充分考虑到危机中的"人"及其受到的种种影响，那就不会是真正有效的危机沟通。当人们遭遇突发事件或面临某个难题时，至关重要的就是充分理解那些身陷其中、深受影响的"人"。本书前面曾探究危机及其影响，将之比喻成"一石激起千层浪"：一粒石子撞击水面后，近处会激起明显的涟漪，远处受到的波及则较为微弱。危机带来的影响也是如此。那些处在"风暴中心"的人会首先受到影响，但我们也不能忽略其他人和危机外围人士遭受的影响。企业必须确保能够和"人"一起工作、为"人"提供支持，这样做就是在确保在危机沟通过程中体现对"人"的尊重和与"人"的共情。

危机沟通计划必须聚焦于企业所面临的问题或情境中"人"的因素，忽略这点将会影响危机应对及复苏举措的有效性。我们在第1章和第3章中曾讨论过，关注受到危机影响及其后续波及的社群非常重要。在这方面，危机的后果管理将扮演重要角色。在准备应对危机时，后果管理会发挥很大作用，企业必须制订支持危机受害者及其家属的详细方案。管理者需要清晰理解和其所在企业相关的一个和多个社群到底是什么或是由谁构成，这点非常重要。

社群的构成要素

为企业界定社群和设定环境或许是一个棘手的问题。危机沟通团队需要在任何危机发生之前就着手准备绘制利益相关者图谱，理解客户并确认事态的发展情况。其中的每项工作都必须兼顾组织的内外受众，并且针对变化定期审查和跟进。这里的变化可以是产品或服务的改变，也可以是人事变更或商业环境的变化。界定受影响人群的方式多种多样，可依据以下特征来划分：地理位置、某种形式的现有社区、服务使用者，或者那些突然卷入事件或问题的人。危机沟通团队还需考虑内部社群，第4章曾简要提及这点，留意危机事件对员工的影响。明确哪些人会受到危机的不利影响，哪些人可能是在危机中需要重点回应的利益相关者，以便企业能利用数据和信息制订高效的计划。所有信息都要即时得到，危机沟通的领导者也需充分

理解这些信息。在危机出现和蔓延的紧急时刻，做到这点并非易事，也绝不是简单说句"应该"就能实现的。后果管理的三个关键点是：绘制利益相关者图谱（Stakeholder Mapping）、界定客户（Customer Definition）和危机影响分析（Impact Analysis），具体定义如下所述。

绘制利益相关者图谱

绘制利益相关者图谱是勾勒一个企业的业务关键利益相关者关系的过程。利益相关者是指那些能够从企业业务中获利的个人或组织。多数是企业员工、投资者、客户、供应商、监管机构或其他利益集团。具体情况会视企业业务领域而定。例如，私营企业、公共组织或政府机构等不同性质的机构，其利益相关者图谱就会有所不同。绘制利益相关者图谱有助于直观展现这些群组，便于根据不同特征将其分门别类，而且这项工作对于制订危机沟通计划也很重要。通常，我们可以根据利益相关程度和对企业业务的影响大小为利益相关者分组。绘制利益相关者图谱时可采用一系列步骤，企业领导者也可以聘请专业公司完成这项工作。

总之，这项工作包括4个关键步骤：

（1）明确利益相关者。

（2）分析利益相关者。

（3）为利益相关者排序。

（4）投入发展和利益相关者的关系。

在每张图谱（图6-1和图6-2）中，我们都可以看到4个方框。右上角是很有影响力且高度利益相关的群组，企业需要经常向他们披露最新信息，并且投入时间进行沟通，而不是像做"大众广播"那样泛泛地沟通。右下角是很有影响力但利益相关度很小的群组，企业可采用促销式沟通（Promotion-Style）。左上角是高度利益相关但影响力很小的群组，需要企业做定期沟通。左下角是利益相关度很小且影响力很小的群组，企业仅对其披露基本的最新信息即可。

界定客户

对使用企业服务或购买企业产品的人群进行客户分析会有助于形成消费者画像。这可能需要像MOASIC之类的工具，MOASIC是一种利用大数据对人群进行分类的商业模型，旨在提高成功跨渠道传播的可能性。

明确客户对于确定商品和服务的目标始终都会很有帮助，并非只有在危机出现时才有价值。关键是要了解客户和服务用户是谁，以及他们可能具有的特征，这样才能有针对性地

图 6-1 公共组织利益相关者图谱示例

图 6-2 商业组织利益相关者图谱示例

改善沟通。举个例子，如果你是在某一地区运营的一家小型零售商，那么你就需要了解当地人获取相关信息的方式，以便更有效地利用这些信息进行针对性的沟通。

危机影响分析

对危机的影响进行分析，这部分工作可以而且理应纳入业务的风险管理流程。具体应研究危机可能对企业产生哪些影响，在各个层次上如何影响企业运营。除了需要相关的统计信息和数据协助分析过程，一些定性数据也必不可少，这些数据会关注客户的主观体验，并审查危机可能对竞争对手产生的影响。作为计划和测试过程的一部分，危机的影响分析需要考虑和概括每个可能出现的情境，也包括企业的声誉问题。如果这个影响分析的工作仅仅由会计师和律师负责，那么重点就只会在财务和法律方面，而不会考虑问题可能对企业声誉造成的影响。正如第2章讨论过的，声誉问题的影响可能严重到足以导致运营终止或重大的财务损失。危机沟通专家需要审查和持续跟进危机影响分析的工作，以确保在追踪这些统计信息和数据协助分析的工作中能够发挥重要作用。

为危机制订应对计划

一旦问题或事件发生，危机就已迫在眉睫，企业就必须考虑面临的具体情况，要审查和跟进以上提到的三个部分的工

作，这将有助于界定受影响的社群和个人。企业在准备危机沟通计划时，公共叙事及其他素材都必须考虑已界定的不同客户群。只有在刚刚宣布危机发生的初始阶段，才能采用"一刀切"的沟通方式。正如之前提到的，企业在宣布危机发生之后，随即就应根据适当的危机沟通计划来处理当前情况，包括根据这份计划来针对清晰界定的不同客户受众开展危机沟通。

危机应对的重点在于铭记参与危机沟通应对计划的各个社群和个人，企业需要做到面面俱到、考虑周全。危机初期急迫地需要快速沟通，就容易导致忽视了沟通对象的多样性，因此，企业要确保在计划和准备危机时就能对不同的沟通对象做出评估。

贯穿危机沟通活动始终，考虑各部分的交互影响和需求满足都至关重要，这也正是要理解客户和利益相关者的原因。企业需要事先考虑一系列的沟通渠道和平台，因此，在危机事件发生之前就与它们建立良好关系是很重要的。企业应该考虑让多元化的管理者在企业内部发挥作用，同时也能帮助识别企业外部的关键利益相关者和社群领导者。这对危机的后果管理活动和制订危机应对计划都会大有裨益。

危机后果管理概述

第3章比较详细地概述了建立危机后果管理以支持危机应对的问题。企业需要在危机沟通计划中详细说明这部分工作的角色及职责，并尽力确保危机沟通活动的一致性。尽管危机的后果管理与公共机构的危机应对存在相似性，但不同之处在于，后果管理能被引入所有形式的危机沟通管理中。公共机构也可以使用后果管理程序确保持续提供重要的服务，让问题得到控制，并且将组织带向复苏。

危机的后果管理必须按部就班地完成：首先，企业需要分析危机可能导致的预料之中和预料之外的各种后果；然后，企业需要着眼于在未来几天、几周和几个月内如何最有效地解决这些问题。这些后果如同水面上的涟漪，危机沟通专家需要掌握识别后果并采取缓解措施的重要技能。重点必须是将危机对利益相关者、客户、员工或更大范围内公众的有害影响降至最低。例如，生产线出现故障，这就是危机。后果管理将确定谁将受到此事件的不利影响，这些人可能是送货司机、商店或加盟商、当前客户、未来客户，以及工厂附近的居民。这份危机影响者清单可能还会持续增加，关键在于要对所有可能受到影响的群体或个人保持开放的态度。危机应对系统需要到位，以

便合适的人选能够承担相应的任务，能在管理危机的过程中支持运营和沟通。企业应在内部提升复原力，减少事件的负面影响，确定要支持的关键群体，找到合适的沟通机会，对提出抗议的团体和个人做出回应。

　　危机应对的后果管理可以通过几种方式运作，具体取决于危机规模及其潜在影响。企业可以将关键参与者召集到危机应对指挥部附近的房间开会，或者采用虚拟会议的形式（人们通过拨入电话参加在线会议）。具体方式取决于企业和具体问题，总之关键参与者需要能够适应危机管理框架。在进行危机后果管理，企业应把来自运营应对、客户服务、法律服务和危机沟通的代表召集起来，也可酌情添加其他角色。此外，企业还需要指定一位负责人对关键决策进行监督，这点应当纳入危机沟通计划。该负责人不能是危机沟通人员，因为他们需要处理危机应对的其他方面。在制订计划时，企业可以建立一个危机后果管理路径序列，以便在危机发生时启用。

　　发现危机之后，企业应当迅速召开危机后果管理小组会议，以便开始报告危机管理的结构。该小组成员应评估当前情况，然后根据事态发展制订详细的活动计划。后果管理小组的首要任务是对危机的影响做出评估，以便确定受影响的群组。将这些信息绘制成热点图（图6-3），并呈现要采取行动的优先排序，可能会对危机应对很有帮助。危机沟通团队需要向客户管理团队分享危机公共叙事和相关信息，以便后者可以充分利用这些信息与关键影响群组进行深入沟通。同时，危机沟通专家也需要和危机后果管理小组协同工作，以便审视危机沟通工作的进展，从而确保公共叙事的一致性，并发现那些可以主动沟通的良机。

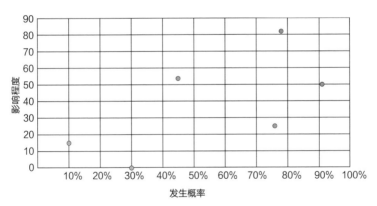

每一点代表危机的一个问题或后果。影响程度和发生概率都高的是金茶色的，高影响但低可能性或低影响但高可能性为柑子色，低影响且低可能性为肌色。

图 6-3　危机后果管理热点图例

与受危机影响者及其家人合作

在某些危机中，会有一些受到严重影响的人们被归入"受害者"，他们及其亲朋好友就会一起成为危机后果管理的关键群组。"受害者"这个词听起来有些负面，难免让人担心其"标签"效应和不利影响，因此，可以考虑使用"受影响者"这个词。在最严重的情况下，他们是那些因危机状况和相关行动而受伤、受损、死亡或深陷痛苦的人们。企业需要根据情况来评估这些受影响者可能遭受的经济损失、失去原有服务、遭遇不便、被孤立，或者遭受的心理影响。

正如前文所说，企业回应和支持这些受害者及其家人的方式将是评判危机应对好坏最重要的方式。如果危机并不涉及犯罪或恐怖主义，那么把这些人看作"受害者"似乎言过其实，但企业可以将他们视为受危机影响最严重的人。怎么称呼无关紧要，重点是如何理解他们并采取适当行动予以支持。我会使用"受害者"一词来概括那些受危机影响最严重的人。危机的受害者可能是那些因食品污染而面临疾病风险的人们；可能是那些购买商品却因交货失败而等待再次提供商品的人们；可能是那些生活在被洪水淹没或断电断供地区的人们；也可能是那些典型的遭受环境影响的特定群体的一部分。正如前面百事可乐案例所揭示的，如何帮助这些受害者必将成为危机应对的核心。企业是否需要对所发生的事件负责，是否需要就事件表示同情和关心，这些也应作为危机沟通方法和具体行动的核心。如果企业只关注自身利益及声誉，就会显得冷漠无情，从而导致公众对企业的危机应对措施产生负面看法。请铭记：在危机沟通计划中，"人"永远是最重要的。

企业需要确定谁将处于支持和联络受害者的最佳位置。可能是接受过专门培训并具有客服背景的工作人员，他们具备支持受害者的必要技能；或者也可以在团队中找出那些能有效履行职责的人员来承担这项工作。支持受害者的工作非常具有挑战性，这将考验员工的适应能力，所以企业应保障承担这个角色的相关人员获得一切支持，如有可能，他们应当事先接受培训，并在履行职责期间接受包括个人福利在内的全面评估。一个不可避免的难点在于，法律部门或许会觉得这种支持是企业对已发生事件的有罪推定，是在承认自己要对此负责。然而，事实并非如此，企业这么做的目的是给受害者提供支持，并与诸如受害者援助组织、信访部门或其他有能力帮助受影响者的慈善机构合作。

被选中在危机发生后为受害者工作的人士需要具备下列技能：

- 有同理心 □ 具备沟通技巧
- 心理复原力强 □ 有耐心
- 了解运营流程 □ 保持非评判的能力
- 理解组织 □ 具备倾听技能

与受害者沟通

　　让受害者及其家属在处理危机方面获得最新进展的相关信息是危机沟通的核心。这样做的目的是确保他们永远不会通过媒体或网络社交媒体才了解到正在发生的事，因为那样得到的资讯会比真实情况看起来更严重。随着危机相关信息传播速度的加快，特别是通过社交媒体，信息会立即出现在公众视野内。我们都了解，在危机发生时相关视频立即就被放到互联网上，通过社交媒体平台快速传播。这就使向受害者通报危机简况和对事态发展进行更新的工作变得非常具有挑战性。在最初阶段，企业可能甚至都不知道谁是受害者，只能对这一事实保持敏锐的觉察——还有受害者并未得到确认。在发布信息和公共叙事时，企业可以在受害者被确认前就提及他们，在声明中首先承认现在是困难时期，但对那些受害者的支持服务已经准备到位，然后再谈论其他方面。

一旦确认受害者，还有一个重要的过程：要向受害者及其家人提供危机相关信息和有关最新事态进展信息，并让他们了解自己在联络企业时可获得哪些支持。企业可以考虑在危机爆发的最初36小时内与他们进行一次当面或虚拟形式的会谈，通过该会谈来解释企业为应对危机付出的努力，让他们清楚危机沟通计划将如何起到作用，他们如何获取最新情况的相关信息，确保他们意识到媒体在传播危机事件时的运作方式（了解通过媒体获取信息可能存在的问题）。重要的是，企业不能假设人们在遇到事故时都能理解自身在社交媒体上可能面临的状况。同样重要的是，在提供信息时，企业不要试图左右当事人的决定，他们应该被赋予选择权，无论其选择是积极的还是消极的，也无论他们是否向媒体发表意见，或者利用社交媒体讲述自己的故事，这是他们自己必须做出的决定，不应受到企业或其他人的影响。企业应当认识到受害者理应独立做出决策，而企业必须处理这些决策的后果。任何试图让受害者闭嘴

的行为都将极大地损害企业声誉。我们应该能够预料，危机应对行动的细节在某种程度上将被公开。在大规模事件中，受害者都会从个人情况出发做出选择，因此有些受害者会和媒体交谈，而另一些人则不会。企业必须允许人们以其方式自由处理情况，而且必须在他们需要时提供支持。

与受害者沟通的原则

在整个危机管理过程中，在每一个社群中，企业都应当奉行与受害者沟通的8个关键原则。负责后果管理的工作人员需要明确这些原则，确保他们在履行职责时，包括在开会、讨论或谈话的过程中能够体现这些原则的真正意义。

（1）开放。

（2）诚实。

（3）以受害者为中心。

（4）支持。

（5）独立。

（6）持续性。

（7）细心。

（8）意识到触发点。

开放

企业或与受害者沟通的相关人员应避免在不公平或歪曲信息的情况下与受害者沟通和分享信息。重要的是尽量为涉事人群提供详尽信息，让他们明白究竟发生了什么，即使他们最终还是不清楚发生的原因。还有，不应让受害者感觉到自己是从企业那里索求信息，而是自己有权利获得这些免费的信息。

诚实

对于那些遭受严重不利影响的人，企业应该坦诚相待，绝不能试图以欺骗的方式蒙混过关，否则就有可能不可挽回地破坏与他们的关系，失去他们的信任。诚实永远是最好的战略，如果企业不能提供细节，那就解释为什么目前还无法做到。即使一些信息可能有争议或令人不安，企业也应如实提供，但需要斟酌提供的方式，并且考虑需要为受影响者提供哪些支持。

以受害者为中心

正如本章所述，无论企业的危机管理是否有效，重要的是

企业与"人"打交道的方式和态度，能否将受害者放在危机沟通计划的核心地位。如果忽视对受影响最严重者的帮助，那么，即使拥有最佳的运营手段，也会让企业在公众心目中信誉尽毁。

支持

针对受害者及其家属的工作重点始终都应是全力支持他们，无论这些支持是倾听问题还是试图与某些支持机构建立联系，都不应该像是在指挥，仿佛是企业在指挥受害者采取某种行动或活动。如果企业发现这种沟通方式有一定难度，就需考虑聘请一些危机沟通的支持人员，由他们在企业与受害者之间搭建桥梁，在二者之间创建有意义的对话。一些受危机影响的人可能很快就会委任律师来承担与企业沟通的角色，如果是这种情况，那么在与这些人沟通的过程中，企业需要及时为他们的律师提供最新信息。

独立

受害者联络人与企业组织之间的关系应该是相对松散的，确保承担这个角色的人是公正和中立的，这可能是最具挑战性的事，正因如此，企业可以邀请另一个机构参与进来，比如支持受害者的慈善机构。一切沟通都应从事实出发，而不能带有主观的价值评判，以便受害者就所发生的事情形成自己的观点，做出自己的选择。

持续性

与受害者及其家属的沟通不会是一次性的行动，可能会在最初危机沟通和相关信息发布之后还要延续多年，以便为他们提供持续支持或援助。危机所带来的影响可能持续数月甚至数年，企业应与受害者建立一种持续到未来的牢固关系，确保为这些受害者提供最大限度的支持。

细心

通常，沟通被认为是分享、谈论或传播信息内容，而有效沟通最重要的部分其实是倾听。有效的危机沟通包括倾听人们关于危机的反馈、对危机应对措施的看法，也包括他们对企业员工的意见，这些都很重要。听取受害者及其家属的意见更应当作为支持和回应的核心。

正如前文所说，了解他们的观点和反映的问题，有助于企业调整危机应对措施和完善危机沟通。企业要倾听人们的心声，并且对他们的观点保持开放的态度。

意识到触发点

虽然一次危机只会持续一段有限时间，但其影响却可能持续数月甚至数年。那些遭受危机不利影响的人们终其余生可能都会饱受折磨。在一段长期的危机沟通关系中，重要的是要预期何时何事可能会引发关注，并再次给受害者带来痛苦。这些时刻可能是危机周年纪念日，或者是危机正式报告的发布日，又或者存在于发生在世界其他地方的类似危机中。

进行利益相关者管理

对利益相关者的管理同与受害者沟通是有区别的，不应被混淆，因为所需技能和方法不同。对利益相关者的管理也不同于本章前面讨论的后果管理，但这两者之间存在联系，需要紧密结合才能产生最大的有利影响。对利益相关者的管理是要进行与关键个人和团队的接触，前面讨论的利益相关者图谱会涉及这个部分。该计划将需要首席执行官和高管团队的全力支持，因为他们也会参与其中并采取关键行动，包括向关键组织的其他高管汇报情况。首先，危机沟通团队需要了解谁是利益相关者，然后找到方法来确定如何以及何时与他们会谈和接触。因此，制订利益相关者管理计划很重要，在界定所需沟通活动时就要考虑目前存在的关系。

重要提示

制订利益相关者管理计划，作为危机后果管理行动的组成。计划中要详细说明谁是利益相关者，是否需要更频繁地和他们进行沟通（使用利益和影响力矩阵帮助界定），计划使用什么沟通渠道，以及由谁承担这项工作职责。这将有助于确保相关人员明确自身职责，并就执行任务的情况接受监督。

危机后果管理核查表

处理危机和建立危机后果管理团队早期阶段的关键行动清单：

➡ 收集并共享危机沟通计划。

➡ 将企业各部门的关键人员（如运营、客服、危机沟通专家等）汇聚一堂。

➡ 确保迅速召开会议，建立获取最新事态发展的框架。

➡ 基于数据和相关分析，讨论当下的危机状况。

➡ 开发利益相关者图谱。

➡ 针对危机制订影响评估方案。

➡ 确保领导到位并负责危机后果管理。

➡ 在危机沟通计划之外，制订利益相关者参与计划。

➡ 明确危机沟通和利益相关者参与的时间安排。

➡ 定期向负责危机应对的人员提供最新进展。

➡ 制订受害者危机沟通计划，确保负责联系受害者的人员及时获得信息更新，并做好部署。

➡ 为要审查的计划和情况设立时间表，了解一切会议进展以审查危机管理情况，确保关键人员获得信息更新。

肯德基公司

2018年年初，肯德基遭遇一个重大问题，在更换供应商期间肯德基居然无法向英国顾客提供鸡肉，一些顾客因为没能买到炸鸡很不开心，并在社交媒体上表达了愤怒和担忧，甚至有人报警投诉。

肯德基很快意识到自己犯了错误，并迅速由管理层出面致歉。然后，就当前正在纠正问题的行动进行了解释。肯德基在道歉时采取了一种轻松的方式，在英国的全国性报纸上刊登了整版广告，呈现一个空的肯德基食物桶，桶上面的KFC被改成了FCK，旁边还写下一则停业道歉声明，具体如下：

一家卖鸡肉的餐馆不卖鸡肉？真不靠谱！我们要向我们的顾客道歉，特别是向那些专程光顾却因鸡肉供应问题而吃了闭门羹的顾客致以深深的歉意！还要感谢我们的肯德基团队成员和特许经营合作伙伴为改善状况所做的不懈努力。这真是糟糕透顶的一周，但我们正在努力解决问题，每天都有越来越多的新鲜鸡肉送到门店，感谢各位对我们的宽容。

道歉

肯德基由高层管理者迅速做出道歉，表明他们知道问题并且正在积极解决问题。但更重要的是，他们采取的是一种轻松愉快的方式，在自嘲尴尬境地的同时，也丝毫不会损害特许经营伙伴和员工的形象，并体现出专业且严谨的工作态度，这反映出肯德基对于自身客户根基和组织价值观的深刻理解。使用幽默的方式通常可能会招致麻烦，但在肯德基的这次应对措施中却效果颇佳，因为他们很清楚自身的情况，以及日常的沟通受众和合作伙伴。

肯德基在危机应对中展示了他们开放和透明的态度，最重要的是体现出对事实的尊重。人们往往以为道歉会导致问题，法律团队认为道歉将被视作有罪推定。但在这个案例中，肯德基道歉的措辞非常严谨，涵盖所有受影响的人——顾客、员工、特许经营合作商——确保向遭受不利影响的相关群体表达充分的理解，也确保在面对公众时让员工成为危机应对的核心。所有这些工作都将这次危机对肯德基声誉的损害降至最低点，甚至已经不再造成损害。

① 在一切危机发生前，确保了解客户和服务用户是谁。

② 绘制利益相关者图谱，定期做出更新。

③ 在制订危机沟通计划时，准备好随时在危机发生时可供使用的危机影响评估方案。

④ 积极展示自己了解谁可能会遭受危机的影响，以及正在做什么为他们提供帮助。

⑤ 考虑何时致歉，如何做出道歉。

⑥ 确保在危机后果管理计划的制订、利益相关者沟通以及更大范围内的沟通活动之间建立密切联系。

苏格兰皇家银行

2012年6月，苏格兰皇家银行（RBS）遭遇了一场危机，一个软件问题导致数百万个客户无法登

录其银行账户。公司系统升级造成的这种状况波及了多家知名银行。最终苏格兰皇家银行花费数天时间才让软件问题得以纠正，给许多客户造成了很大影响。

　　无论是无法支取现金，还是无法付款，都会对客户造成很大影响，甚至给一些人带来巨大压力。由于这一问题，苏格兰皇家银行被英国金融市场行为监管局（Financial Conduct Authority）罚款4200万英镑，被审慎监管局（Prudential Regulation Authority，专门负责对银行、信用社、保险公司和主要投资公司等进行审慎监管和监督）罚款1400万英镑。该银行必须对受影响的个人客户和企业进行赔偿。

　　随后的危机沟通确实反应迅速，公司做出道歉并且向公众做出解释，说明正在对所发生事件展开调查。但是，公司的弥补却没能涉及那些因无法取钱造成严重问题的客户，他们面临包括因信用卡失效而无法退房、因账单未付而产生支付费用等严重困境。公司没有展现出对这些客户困境的深刻理解。

① 在任何危机发生前，确保了解客户和服务用户是谁。

② 准备好危机沟通计划，包括如何联系客服人员和一线员工，他们将与受危机影响的人进行直接沟通。

③ 监控社交媒体，以便由适当的团队识别和处理来自受影响人群的遭遇，确保提供必要的帮助与支持。

④ 认识到一切危机都可能引发心理影响，有些危机即便没有具体可见的场景，但却可能对受影响者造成严重的后果。

⑤ 如果企业或个人受到重大影响，要意识到危机对他们的长期影响，因为当其他类似问题出现时，他们可能依然会（对媒体）抱怨连天。

⑥ 确保对危机做出有力应对。首席执行官在危机沟通时要将正确的信息传达给受危机影响的人们。

本章小结

所有社群都是由具体人员构成的，在危机发生时能清晰地界定社群，这将会对管控危机后果的工作有好处。这项工作理应在任何危机发生前就已开展。企业需要了解客户和服务用户，这对日常沟通活动也很重要。除此之外，绘制利益相关者图谱有助于危机沟通计划的制订，而且它不仅限于在危机发生时使用，也有助于在与利益相关者合作时达成一致性叙事。

通过风险管理流程制订危机影响分析计划，该分析需要关注各种潜在风险，并根据其可能性和预期的影响进行风险评级。这将有助于制订复苏举措，但要确保危机沟通考虑到可能发生的所有情况。持续审查所有这些文档，特别是在企业的运营流程或相关运营活动发生变动时。

企业需要了解危机后果管理的工作方式及必要的应对行动、结构和流程。危机应对需要与危机沟通协同运作，企业应在制定战略时明确这点。因此企业需要界定相关群组，或者考虑受危机影响的人们。这些人有可能被贴上"受害者"的标签，需要在危机应对中得到特别的照顾和关注。需要铭记："受害者至上"应当是一切危机沟通秉承的基本态度。企业应该在相关问题在媒体或社交媒体上发酵之前就考虑完成和受危机影响的群体的沟通。

最后，企业需要和在支持受害者或受影响者方面拥有专业知识经验的专家通力合作，了解他们必须提供的帮助以及自己如何获得这些帮助。企业需要在整个危机应对过程中尽力遵循受害者沟通原则，从发现危机直至危机后复苏，始终都要记住行动的意图。这并不是一个完成清单的简单练习，而是关乎做正确的事以帮助那些受危机影响的人士，这一点自始至终都是重中之重。

第**1**章

确保员工支持

危机会给人们的身体、情绪和心理造成多方面的冲击。在制订危机应对计划、应急计划和危机沟通计划时，需要涉及所有这些方面。本章将会确认危机造成的影响，重点强调支持员工福祉，同时要在各个层面上管理危机造成的损害。这点对于应对所有危机都很关键。将发展具有复原力的企业和确保员工福祉作为危机应对的核心，这种方式似乎颇具争议，但危机沟通专家对此却毫无异议。无论如何，企业需要在危机发生初期确定专业的危机沟通领导者。理想人选是富有感染力的人，而且这个人能在制订计划和应对危机时发挥"催化剂"的作用，能在危机初现时担任"晴雨表"的角色。在与消费者和服务使用者进行联结时，企业的沟通团队、消费者和服务使用者代表都将作为一线人员，能够得到第一手的信息，会对当前情况可能产生的影响进行分析，并把这些带着情绪的观点反馈给企业的"神经中枢"。因此，在一次危机或其他重要事件进展的过程中，危机沟通专家都将作为在企业内部推动员工福祉理念的理想人选。

企业有义务关心员工，需竭尽所能确保员工健康、安全和幸福。这远不局限于法律义务，同时这也是伦理要求，关爱员工会直接影响企业的生产力。

员工福祉非常重要。因此，企业要有员工福祉协调专家和危机沟通专家，这些人和危机沟通计划有着直接关系，并且他们会深度参与危机应对。在评价危机应对初始阶段有效性时，创建计划并测试的工作常被忽略。然而，正如第4章所言，企业在危机发生时对"人"的支持方式很关键，企业需要判断这些支持方式是否真正持续有效。如果当前的危机沟通计划和相关政策没有充分考虑员工福祉，就必须进行更新。就公众方面来说，通常他们都会对陷入危机的企业员工深怀同情，在接受媒体询问时都表示愿意提供大力支持。

确认危机的影响

危机事件能对人们的心理和情绪造成多大的影响，这取决于很多因素，比如危机的具体情况、企业的历史和员工的个人境遇。从企业的中心位置出发逐一记录危机波及人士的具体情况是很难操作的，除非团队规模很大。因此，企业内部的领导者和部门高管就有必要接受训练，学习在危机发生的各阶段都能识别出那些深陷痛苦和不幸的员工。领导者不必成为该领域的专家，但需要能够定期提供有关受影响人员的最新消息，并提供一定范围内的支持。领导者需要提供早期预警，了解哪些

人可能会陷入困境以及哪些人表现得十分艰难的情况，从而能让这些人尽快获得帮助。

还记得"一石激起千层浪"的比喻吗？是的，位于石子落入位置的人们受到的危机影响会极其严重，而距离中心位置越远，受到的影响就会越小。在中心位置应对危机的人们受到的影响可能是患上创伤后应激障碍（Post-Traumatic Stress Disorder，简称PTSD），需要专业人士一对一提供心理咨询和帮助。而距离中心更远的人们受到的影响可能就会很小，可能只需要谈话治疗或某种团体咨询。但是，现实情况并不总是符合规律。一位身处危机边缘的员工也可能表现出PTSD症状。正因如此，企业领导者学习如何识别深陷困境的员工，引导他们获取帮助，这点至关重要。

在经历创伤性的、高压的或极端痛苦的事件之后，人们有可能立刻表现出PTSD症状，也可能在数月甚至数年后才有所表现。这些症状将会对人们的生活造成严重的影响，他们会出现有关创伤事件的"情景再现"，也可能会有失眠和注意力集中方面的问题。

据英国国家医疗服务体系估计，每3位有创伤性经历的人士中就会有1位罹患PTSD。因此，企业领导者的工作重点就是尽早发现端倪。陷入困难情绪的人们会因强烈的焦虑情绪和压力症状深感痛苦，不过，只有当困难情绪持续超过4周，才有必要到医院就诊。企业领导者要意识到人们在陷入危机时很可能会罹患PTSD，不必做出诊断，但需要识别出那些饱受煎熬的员工，并引导他们获取正规的医疗服务。如果领导者不能识别PTSD患者，那么，深陷其中的员工就可能长期无法工作，恢复缓慢，也会对企业运营造成影响。

雇用者需要考虑所提供的工作对于受雇者在心理和情绪层面的影响，从而能对危机引发的问题做出充分准备。如果雇用者不考虑雇员福祉，就很可能导致员工生病旷工、离职，或者因无法专心工作造成绩效下滑。这一切都会对企业业绩造成影响，如果拒绝承担道义上的责任，老板们就将自食其果。

现代生活的压力

现代的生活方式和艰难处境导致人们饱受压力、焦虑和抑郁之苦。统计数据表明，很多人都曾经在人生中经历上述境况，数量之巨令人难以置信，自杀率也很高。据世界卫生组织估计，每40秒钟就有1人死于自杀。这正是人们应对现代生活压力的反应，而这还是在他们陷入危机或必须应对危机之前的

数据。很多人本就受困于诸多生活难题，危机突袭则会成为"最后一根稻草"。因此，企业需要始终重视这个问题，尽早为员工提供恰当的支持。

企业领导者需要一直承担员工福祉和福利的责任，这点不容轻视。但在实际制订危机沟通计划的过程中，福祉支持常被视为是"有时间做，当然更好"。这种立场就会导致问题的出现和积累，从而使危机在未来某个时刻突然爆发。如果不能保障员工福利，最终将会影响企业招募新员工和留住现有员工。因此，员工福利的议题不是仅在危机期间每天、每周都要面对，或者仅在危机后数月和"扳机点"时才应重视的，而是需要作为健康型组织的必备模块，作为企业目标和测评的组成部分。

构建组织复原力

企业需要特别重视员工福祉计划，这样才能提高员工参与度并保留人才。创建具有复原力的组织，应当被纳入企业文化，同时企业应制定相关政策、流程和程序。企业不能等到危机发生时才考虑员工福祉和复原力。构建组织的复原力需要时间，如果企业极其重视风险管理，鼓励每个人都参与危机管理培训和演习，那么就能提升复原力。如果人们能够理解将要发生的事，明确各自在逐层危机管理中扮演的角色，而不是仅限于在危机沟通管理中的角色，那么，他们就能在问题或事件的重压之下从容应对。在测试阶段，需要特别留意表现出压力症状的员工，额外予以关怀，通过培训提升他们处理危机的能力。领导者也可以调整这些员工的岗位，尽量减轻其压力。

危机沟通专家在应对快速进展的危机时会面临很大压力，在这些时刻保持复原力并表现平静就十分必要。在职业生涯发展的连续培训中，他们需要学会觉知并管理自身情绪，从而使自己在关键时刻保持适当的情绪状态，以便胜任危机应对工作。他们也必须能够发现身边那些深陷痛苦和压力的员工。企业需要开展员工培训，提升员工的复原力、压力管理能力，同时也需要照护员工。这种做法的成效可以用金钱来衡量，这能够切实增加企业的财务收益。如果有专项基金可供使用，不妨聘请专家协助开展培训，这种做法的性价比更高。

危机沟通专家在管理各种危机的过程中都要承担核心角色，所以，在危机的进展阶段和结束后，企业都需要重点监控这一关键群组，并为其提供相应的心理和情感支持。值得时刻记得的就是，并不仅仅是危机的到来会促使人们达到"临界

点"。他们之前很可能就已经在工作中处理过一系列真正富有挑战或令人烦恼的问题，比如那些有关复原力的一系列密集测试等。再次强调，当危机持续时，有些人可能会陷入困境，及时发现相应的具体表现就很重要。企业需要了解哪些员工可能会参与或者已经参与了艰苦和富有挑战的项目，然后要为这些人提供支持。毫无疑问，这些员工和其所在组织都可以采取更加积极的行动，确保更有力的支持工作能够到位。

构建社区复原力

政府始终都在寻找一些方法来增强个人和社区对最严重危机的应对能力。在遭遇洪水、火山和恐怖袭击时，会有一些常备程序支持人们采取必要行动。政府会在全国范围内发起相关运动，促使民众理解自身在准备应对突发事件和真正面对突发事件这两种情况下要承担的角色和采取的行动。对计划做出解释，会有助于人们了解危机发生时的可能情况，从何处寻求帮助和援助，以及需要如何行动，比如如何从该地区撤离等。社区越是能充分参与国家和所在地区组织的危机应对计划，就越是能在危机事件发生时拥有复原力。

企业无须独立开展这种大规模危机沟通运动，但可以启动和消费者或服务使用者的对话，向他们解释企业的危机沟通计划和相关培训进展。例如，一家食品制造商就可设法主动向消费者解释出现食品污染或产品问题时公司将如何进行沟通。这些应当作为日常工作，展现出企业极其重视并认真对待这些议题，并且正在努力避免问题的发生，同时也准备好应对可能出现的问题。假如回看危机沟通计划中"预设情境"的部分，就可考虑如何就危机应对和社群、团体或个人开展对话。针对危机开展培训和计划从来都不能仅考虑企业内部行动，而是应该兼顾利益相关者和其他关键群组，共享相关计划。提前进行准备，并促使人们思考危机可能会随时到来，这将有助于构建组织复原力。人们将会理解可能发生什么和需要做出怎样的应对。例如，如果你是一家银行的客户，就需要了解可能发生的黑客攻击，以及出现诈骗时要向何处报告并自我保护。

构建社区复原力有4个关键点：

（1）制订如何为危机波及人士提供支持的清晰计划，以及支持"受害者"计划。

（2）讨论人们能否获取以及如何获取相关服务，包括从医疗服务到精神健康慈善机构提供的服务。

（3）准备时间轴，充分考虑"扳机点"以及如何减轻影响

（本章还会就此详谈）。

（4）始终关注危机对"人"的影响，了解危机产生的影响将会持续一段时间。

危机前的福祉管理

企业需要设置相关的员工服务和福祉程序，并将其纳入日常运营。即便是微型企业，也需了解应该如何处理员工福祉。这其中的重点在于企业要了解自己需要做出哪些准备，并且确保员工支持系统在危机出现时能迅速启动。企业需要能够获取心理支持和身体支持方面的服务，相关信息要在危机计划中予以体现，如果等到危机发生再被迫寻求支持，再考虑从何处获取帮助，就必然会耽搁时间，而这点是不能被接受的，尤其是在需要尽快为危机波及人士提供支持的情况下。正如第6章提到的，假如当前问题对个人或社区造成明显影响，企业就需考虑如何提供支持，以及从何处获得援助。有很多慈善机构和慈善组织会为危机波及人士提供很大范围的支持服务，企业可以和这些机构或组织合作，共同应对危机。

重要提示

　　员工和受危机影响的人都需要清楚他们能够获得哪些心理支持以及如何获取这些资源。这些支持服务可能由医疗服务机构、卫生保健机构、慈善机构和第三方组织提供。他们可以在当地或全国范围内和这些机构或组织取得联系，以明确如何获得帮助，企业需要公开帮助热线的电话号码和尽快取得联系的具体方式。

　　制订危机应对计划时，企业需要确定一位负责员工福祉的领导，从而确保企业能为严重受危机影响的员工提供支持。这个角色将会和负责内部沟通的领导合作，共同告知员工在被危机事件困住时如何寻求帮助和支持。负责员工福祉的领导也需和人力资源或人事部门通力合作，从而持续支持员工。在危机应对计划制订的过程中，上述内容很容易被忽略，因此一旦相关流程落在纸面上后，就应该针对它进行测试。该测试将会考察负责员工福祉的领导能否迅速开展相应工作，并和危机管理的其他部门配合，对福祉部门能够提供的帮助做出评估。

　　对危机后果进行管理时，企业需要识别受到危机严重影响的人士，与他们进行沟通并为其提供支持。此外，支持受害者

的工作也有助于设计所需的员工福祉和复原力支持内容。简而言之，针对危机做出计划和准备的工作必须始终考虑员工福祉，考虑需要确保哪些服务迅速到位。

危机中的福祉管理

下面的核查清单有助于帮助企业迅速应对危机，确保考虑员工的福祉：

（1）通过危机的后果管理和对危机造成的影响进行评估，识别受到危机影响最严重的人。

（2）识别可能受到危机最严重影响的员工。

（3）内部沟通在一开始就要提供获取帮助支持的详细信息给深感艰难的员工。

（4）召开由危机后果管理、内部沟通和人力资源等部门共同参与的会议，协调福祉管理工作。

（5）定期向员工发布更新的有关获取支持服务的信息。

（6）领导者要能识别出深感艰难的员工和引导他们寻求帮助。

（7）有计划地拜访组织内部负责管理危机的核心部门和团

队。首席执行官或高管需勤加拜访，以便鼓舞士气和提升员工福祉。

（8）考虑针对危机波及人士的现有支持网络或需要建设的支持网络，依此设计为员工提供福祉。需要注意，假如受害者及其家人感到没有获得情感和心理支持，那么企业的危机应对就可能遭受全国公众的批评。但是，其实参与紧急应对的员工原本是可以获得一系列相关支持的。

复苏时的福祉管理

接下来将会详细讨论危机后的复苏，即企业在何时以及如何从危机处理阶段迈向复苏阶段。在复苏阶段，重要的工作就是持续支持那些受到危机事件严重影响的人。即便媒体的摄像头已经关闭，对这件事的兴趣消失，企业仍需坚持不懈地提供这种支持。人们在处理危机所带来的情感和心理影响时，可能会花费数月甚至数年时间。在某些情况下，人们会否认自己有问题，直到"扳机点"的出现解锁了一直被压抑的情绪。

危机沟通专家必须清楚危机过后自己面临的持续挑战，并且在复苏阶段保持必要的敏感。企业要持续为员工提供支

持，特别是在平复紧急情况后应该继续为员工提供支持。在危机后的数周和数月之内，企业仍需通过内部沟通一直提示员工如何求助，包括开设援助热线、救助站以及获取帮助的在线通道等。企业需要制订危机过后持续数月的福利支持和沟通活动计划，并做出评估，也需要评估复苏阶段的各种决策。此内容会在下一章详谈。

还有一种提升团队士气并改善员工福祉的方式，那就是设法找出在应对危机过程中力克时艰和履行承诺的员工，在并不忽视人们所遭受创伤的同时，能够创造良机奖励那些辛勤投入危机应对工作的员工。承认他们的努力，这本身就会激励他们。企业领导者可以只约见员工并亲自道谢，相关内容在第5章讨论领导力时曾有涉及。员工在面临巨大危机时需要承担十分艰苦和极富挑战的工作，开发一种能够认可表现突出员工的流程会对危机应对很有帮助。具体形式可以是开展一次活动，借机表达企业对这些员工的感激或颁发奖金以资鼓励。不过，企业必须始终从危机事件或问题的受害者视角出发来看待采取的措施，在危机结束之后奖励表现突出的员工，这种做法也许会略显冷漠，仿佛在用某种方式"庆祝"，毕竟很多人的生活还处在危机余波中。例如，一家银行刚刚经历一次服务断供期，这造成很多客户的财产损失，或者客户因此需要交滞纳金。

只要人们拿出凭据，银行愿意统一承担这些消极影响造成的损失。但与此同时，银行经理发现在互联网技术和消费者服务等关键岗位上的某些员工超额完成工作且业绩突出，他很想采取某种方式予以奖励。但是，也有些员工正忙于弥补给客户造成的损失，他们就会对只奖励上述员工感到不满。因此，在承认并奖励员工付出努力时，企业领导者需要保持足够的敏感度。

企业将会从危机中逐渐复苏并迎接未来，此时就需要制定一条时间轴以评估和回顾潜在的"扳机点"，思考这些时刻所需的员工福祉，重点是确认事件周年纪念可能产生的影响以及其他因素，这些时刻都需要企业启动福祉干预。这条时间轴需要同时适用内部沟通和外部沟通，因为"扳机点"可能是相同的。企业领导者可以运用时间轴指导未来工作，持续保持对企业复苏的敏感并为员工提供支持。

最后，企业领导者要花时间充分消化并领会危机处理过程中好的经验。在企业的福祉程序和福利支持方面，领导者应该充分学习过往经验，并根据反馈不断完善。历次回顾都应包括这个部分，也应在情况简报中涉及。在危机应对期间，领导者需要和团队关键成员及其他支持性机构和利益相关者简要通报企业的福祉支持情况。如果危机沟通人员很清楚需要提供什么支持，就会相应地明确复原力培训的重点内容，从而帮助提高

员工的能力。在危机应对期间及危机过后，领导者都需要尽可能收集和所需福祉支持相关的数据，他们需要清楚地了解危机应对过程中存在哪些"扳机点"。在汇总简况时，领导者可以探寻现有的工作是否有效以及如何改进。所有数据、观点和信息都将显著提升企业现有的员工福祉。虽然具体做法可能还有所欠缺，比如缺少专门用于福祉和内部沟通的资源，或者缺少对外包工作任务的管理，但这些数据对总结和完善危机沟通计划也很有帮助。总之，企业领导者需要不断审视战略和计划，以便能在未来的危机管理中有所改进。

理解"扳机点"的含义

本章多次提到"扳机点"，到底何为"扳机点"？简而言之，"扳机点"就是能够再次将危机带回到聚光灯下的某些时间点或事件。它不仅会使企业再次引发媒体的关注，也会在员工中和更大的社区范围内引发人们对企业的关注。企业需要做一条时间轴来记录所有潜在的"扳机点"以便追踪情况，需要通过相应的沟通活动缓和"扳机点"造成的影响。以下列出的是受危机严重影响的人可能存在的各种"扳机点"。

- 关键日期，比如危机发生后的一个星期、一个月、半年和一年
- 公开发布有关危机的总结或情况简报时
- 企业接受调查和质询的具体日期
- 世界上的某个地方发生一个类似危机或问题时
- 企业内部发生一个类似的危机或问题时
- 发出一个有关类似危机即将到来的早期预警时
- 有可能间接引发和之前问题或事件相关联的其他情况
- 公开发布危机事件的统计数据和相关信息时。例如，在食品污染危机过后每年发布食品污染数据时

　　这份清单并不完备，企业在处理危机时还能发现很多"扳机点"。考察预设情境以及在风险管理矩阵中的问题，有助于领导者思考企业还可能面临哪些"扳机点"。这些工作有助于企业在针对当前问题或事件制作时间轴时能够思虑周全（图7-1）。完善有关"扳机点"的详情，针对可能对未来造成

的影响进行工作，这种做法有助于相关人员更清晰地利用时间轴工具，并能针对危机后的复苏更新危机沟通计划。

三月	· 公开报告 · 发布国家数据
四月	· 修订产品线 · 做出有关产品变化的声明
五月	· 分享声明 · 股东会议
六月	· 新建筑在原来地点落成开启 · 会见公众
七月	· 一周年纪念 · 当地活动或会见

图 7-1　利用"扳机点 ❶"制作时间轴的例子

沟通和福祉管理

危机沟通团队并不负责企业福祉战略的制定与实施，该工作由一位专门负责协调员工福祉的管理者完成，或者由来自人力资源部、组织发展部或其他类似职权部门的管理者承担。危机沟通专家的工作主要是深入开展危机沟通管理的相关工

---

❶ 这里的扳机点计划就是针对可能引发受众情绪波动的时间点和事件，提前做到心中有数，制订计划。——译者注

作，因此就危机的福祉管理来说，该工作需要由其他拥有专业技能和专长的人士承担。在为危机中的"人"提供支持方面，以及公众如何看待企业对危机给"人"造成的影响进行的管理这个方面，福祉管理工作正是最根本的。首席执行官和高管团队对此要很清楚，要设法确保福祉管理工作的日常运行，这是领导者的一项关键任务，同时也展现了领导者对员工和企业外部受影响人士的关心和支持。

　　负责福祉管理工作的沟通人员旨在让人们知晓能获得什么帮助，也需要让企业了解到公众如何看待企业做出的应对。这些危机沟通专家需要提出基于数据的观点，深入解读危机造成的影响，以及公众眼中何为成功的危机应对。危机沟通专家要充满信心，就企业现有的福祉应对和支持员工的方式提出质疑。企业的内部团队可能很难做到这点，因此在危机应对期间和危机过后，企业都可能需要引入外部支持来协助开展这项工作。但是，企业内部团队最适合用于早期发现存在的管理漏洞，因为有些员工在早期就已经向媒体抱怨或使用个人社交账户发声。沟通团队需要详细了解可用渠道，不仅要清楚如何用最好的方式分享福祉支持的相关信息，而且能够监控渠道，找到需要重点关注的区域。

　　在针对危机应对计划进行测试时，沟通团队应该推动将福

祉应对纳入演习。这点看似不在沟通团队权限内，但他们的确有责任不断完善内部危机沟通计划，有责任理解受危机影响的人并且根据他们的需要提供支持。沟通团队提供支持的方式将会有别于其他部门提供的支持。他们能够促使企业把福祉应对纳入培训和演习，而这些本身就和危机沟通计划相关。这样做将会提供很有价值的数据，有助于完善计划和发现问题，也有助于把福利和福祉议题摆到桌面上来谈，让参与演习的管理者更加重视。企业越是充分讨论福祉议题，并在制订计划时就开始考虑，就越可能最终将福祉管理纳入危机沟通计划。在内部沟通和管理危机后果时，沟通团队就可以趁机促成此举。

邓布兰（Dunblane）枪击事件

1996年3月13日，在英国苏格兰的邓布兰市，一位持枪者闯入一所小学并杀害了16名儿童和1名老师，另外还有超过15人受伤，他最终饮弹自尽。英国之前似乎从未发生过类似事件。英国对于枪支的管理十分严格。媒体报道的关注重点在于持枪者的动机，以及是否有可能通过法律形式进一步强制收紧枪支管理。但其实更重要的是，很多参与危机应对的人员都严重受到该事件的影响，比如学校的工作人员、当地的健康工作者和医院员工等。所有人事先都不知道要如何应对这样的事件。在一次公众调查中，当时的情况被所有卷入危机的学校人员形容为"悲惨至极"。

1996年10月发布的公众调查报告声称，尽管英国公众之前对发生紧急事件有所准备，但却从未料到会出现这么大规模的危机事件，或者有可能陷入这种严重程度的痛苦情况。卡伦勋爵（Lord Cullen）在报告中指出，事发后1小时，校园外就聚集了很多极度焦虑的家长和媒体代表。报告中提道："紧急服务必须能确保现场200～300人进出校园。"

此外，能够接通校内的只有一条热线，当时就被焦虑的父母和媒体打爆。报告还指出另一个需要改进之处，就是当地警方的新闻发布组和其他的紧急服务机构之间的沟通存在问题。大家最关注的就是要确认死者身份并告知家属。警方当时并未收集送往医院的伤者姓名，以防各方民众打扰医院。但是，这就为

确认死者制造了障碍。在家属被告知孩子死亡的同时，媒体则在推测死亡人数。此外，当时设置的警戒线无法将媒体隔离在外，以至于无法给警方通知家属以足够的空间。

该事件造成的影响在2016年再次获得高度关注，那是在事件发生20年之后，参与应对该事件的一位名叫罗恩·泰勒（Ron Taylor）的带队老师对媒体发声，说他"本应再多做一些"去保护被杀害的孩子和老师，至今他依然活在内疚之中。

知识点

这次事件发生的时代还没有社交媒体，信息传播速度远不及现代社会。在紧急热线电话开通前，警方的沟通团队已经尽力应对，警方和媒体记者的沟通主要依靠电话和面对面的方式。之前的主管校长路易·蒙恩（Louis Munn）当时负责沟通应对工作，他亲身感受到了那个时代的沟通渠道局限带来的困难。但是，他也解释说，新技术和沟通方式也会增加沟通人员的危机应对压力。很多当初参与枪击事件应对的沟通人员都受到严重影响。路易说过："我们中的很多人都需要对付自己内心的魔鬼，都存在不同程度的创伤和压力，一直以来，只有家人陪伴和支持着我们，我们却从未得到来自组织的帮助。"

在20世纪90年代，有关复原力和福祉的议题还尚未得到发展，当事人只能自行适应和处理这些问题。很少见到有关危机应对中发生PTSD的讨论。在应对邓布兰枪击事件的过程中，有很大范围的组织员工都直接暴露在恐怖环境下，包括那些必须去了解事件细节并和受害者家庭沟通的人员，这些工作给他们带来很大挑战。如果在危机发生期间及之后的数周或数月内，参与应对的危机沟通专家能够得到相应的支持，我们就能在事件发生多年之后看到"相关的福利和支持的确会减轻危机对相关人员造成的影响"的理论。

学习
要点

① 确保危机应对计划考虑到为参与应对的各层员工提供必要的福祉支持。

② 确定由谁负责，以及如何识别那些受危机影响的人。

③ 为管理者提供相关培训，促使他们有能力识

别工作场所的压力和PTSD。

④ 构建组织复原力，并在测试危机计划时进行评测。

⑤ 确保企业在危机结束后继续重视福祉管理，这点对于受到事件严重影响的人可能很有必要。

⑥ 在未来的所有"扳机点"继续为受危机影响的人提供支持。

⑦ 在危机发生之前就开始谈论有关福祉、复原力和福利支持的议题。

本章小结

管理危机需要相关人员具有共情能力，重点在于铭记发生的情况已经或可能给人们造成的各种影响，包括理解危机对"人"在心理、情绪和身体层面已经造成的影响。管理危机的相关人员需要关注所有受到影响的"人"，包括企业员工和相关社群。企业应在员工危机沟通计划中创建福祉管理，需要将其纳入企业的日常运营，因为员工福祉很难在危机发生后再去开发。

人们会采用多种方式应对危机，其中包括经历创伤后应激障碍PTSD。人们没有必要独自承受和理解危机造成的这种影响，很多从事心理健康工作的（慈善）机构和志愿者组织都能提供相应的帮助。危机发生时，企业需要确保员工知道自己能够获取哪些途径的帮助，也需要重视创建复原力组织。企业需要设置完善的风险管理流程，并为管理者提供合适的培训，以便他们有能力支持所带领的团队。

同时，在企业周围更宽广的范围内的成员，也能帮助企业发展复原力。企业需要启动危机管理并与消费者对话，确保即便发生最糟糕的情况，消费者也能做好充分的准备。如果他们很清楚从何处获得信息以及自己需要做些什么，就更可能在危机之下获得一种控制感。在整个危机过程中，包括进入复苏阶段后，企业都需要通过福祉支持来提供帮助，这点十分必要。

危机沟通专家需要帮助企业理解未来的"扳机点"：具体在什么时刻发生或发生什么事件，将会引发人们的心理和情绪上的压力。如果清楚哪些时间和地点可能会诱发危机事件的重演，就可以提前做出适当准备。

最后，企业需要认可员工在危机应对过程中所做的工作、贡献和投入，从而展现对员工的支持，具体做法需要纳入

福祉计划。但是，企业也需要留意那些受影响的人如何看待企业对部分员工的认可和奖励方式，否则很容易引发新的声誉危机。

第 **8** 章

踏上复苏之路

复苏之路可能道阻且长，但这也正是危机应对中最重要的部分，甚至具有决定性——危机后的复苏究竟是让企业积极前行，还是让企业声誉遭受长期损害。假如你患有某种疾病，比如正在经历一场流感，你不会认为自己突然间就会恢复如常，立刻就能做健康时能做的所有事。身体复原需要时间，你需要照顾好自己，危机后的复苏也是如此，企业需要在这方面下功夫，并接受现实——危机后的复苏需要经历一些时间，方能向前推进。

如果企业在危机从天而降时，也就是在危机的早期阶段就采取了成功的应对措施，那么危机过后的复苏之路就会更加平坦。以本书讨论的方式进行危机沟通，将会有助于企业在危机应对中处于有利位置。如果企业已经落实前文所言的那些危机应对的关键部分，那就应当继续积极前行；如果没有，那不妨在危机后的复苏阶段扭转局面并制订有效的应对措施，这也是成功摆脱危机最后的机会。

同危机沟通计划的所有工作一样，危机后的复苏阶段必须优先考虑这一时期的沟通要求——了解危机后的复苏是什么意思，它会是怎样的状况，从而有助于制订完善的危机沟通计划。

理解危机后的复苏

危机后的复苏是指企业已经克服了危机的最初影响，正在向前迈进的过程。该过程需要相关人员处理危机带来的后果，着眼于学习如何向前推进、解决问题和防患未然，以及如何恢复声誉等。本章的后面部分将会讨论声誉问题，以及在相关事件或问题结束之后要重点从哪些方面入手进行恢复。如果不能充分考虑危机的长期影响并制订计划，就可能会给企业造成财务和声誉损失。复苏计划必须考虑危机应对的全部内容，必然也包括危机沟通。考虑复苏阶段的沟通议题时，企业需要思考自己将何去何从，什么是真正的复苏，企业究竟想要实现些什么，在未来5～10年有怎样的计划。即使危机后的复苏需要数月甚至数年时间，企业也要始终"不忘初心"。

从危机应对转向复苏并非易事，选择正确时机非常重要。所有参与危机应对的各方人员都需要参与讨论并仔细考量采取危机复苏举措的时机。危机应对相关人员包括运营人员、人力资源人员、危机沟通主管、后果管理主管和支持受危机影响者的员工。做出复苏决策可能还需要其他关键机构的参与，特别是当危机涉及利益相关者或危机应对人员时。在考虑脱离危机应对阶段并向前推进时，既要考虑现实因素，也要考

慮情感因素。在实际工作中，大家会看到参与危机应对的工作人员数量在减少，中央控制室或"指挥部"都变得日益安静，其中的工作人员也在减少。除此之外，情感因素也是必须要考虑的内容——考虑事件影响到的公众，他们的反应是否会对企业宣称进入复苏阶段产生直接的影响。例如，遭遇产品故障，企业已经发现并纠正了相关问题，但是如果有人依然在遭受影响，此时谈论进入复苏阶段就为时尚早，并会因此招致批评。与危机沟通管理各部分一样，"人"的因素始终决定着复苏是否有效，也包括决定是否宣称进入复苏阶段的那一刻。

做出决定

在企业首席执行官或金牌指挥官确认企业已准备好进入危机后的复苏阶段之前，有几个因素必须考虑。然而，决定何时应该宣布进入复苏阶段并没有可供套用的简单公式，因为每一次危机都很独特，具有不同特点。需要考虑的因素有以下7点：

（1）目前危机应对处于什么阶段？

（2）人们是否还会站出来诉说自己正在直接遭受危机的不利影响？

（3）危机是否得到控制？能否确定危机没有继续扩大？

（4）企业能否恢复正常的经营活动？

（5）参与危机应对的员工人数是否正在缩减？

（6）人们是否开始展望未来而非还在处理当下状况？

（7）公众对此事件或事故的情绪如何？

企业可能还需要根据危机的详细情况考虑其他具体问题。例如，当企业数据泄露导致客户易受黑客攻击时，如果想要解决难题，企业必须充分地理解危机导致的问题及其影响，并且在考虑后续行动之前就掌控局面。关于何时可以进入复苏阶段，有些具体变化可做技术性参考。因此，当企业从直接应对正在发展的危机转向危机结束阶段时，就应当开始考虑哪些因素可以作为进入复苏阶段的标志。

依次审视以上每个问题会有助于理解究竟应该如何展望未来，何时才是宣布企业进入危机复苏阶段的恰当时机，以及在以上过程中危机应对的相关人员需要保持的心态和思维方式。

目前危机应对处于什么阶段？

这是一个简单的问题，用来衡量已经完成了哪些工作，以及还需要开展哪些具体行动。如果最初的应对计划和危机沟通计划大部分已经完成，那么这就可能是一个迹象，表明危机

正在迈入一个崭新阶段，很可能已经开始危机后的复苏。但是，如果仍然有很多工作在计划中但尚未完成，那么，企业可能就需要推迟有关复苏阶段的决策，而更持续关注危机运营的应对工作。

人们是否还会站出来诉说自己正在直接遭受危机的不利影响？

如果已经确认好所有受影响最严重的人，并为其提供了恰当的支持和帮助，那么，这也是一个很好的指标，可以提示企业继续前进。然而，如果仍然有未知或尚未完全确定的因素，那么就可能意味着会有新的"受害者"站出来，显然企业尚未准备好进入复苏阶段。值得注意的是，即使已在危机复苏阶段迈出第一步，若有必要，企业也可以随时终止，撤回到危机应对阶段。因为，很有可能会有新的遭受危机影响的人站出来。不过，类似这样的中断可能会削弱危机应对措施产生的效果，因此，推迟复苏的决定会比冒险前进更加有利。

危机是否得到控制？能否确定危机没有继续扩大？

这个问题看似简单，但要确定是停滞不前还是继续前进往往并不容易。这其中最重要的就是需要所有危机应对人员通力合作，以确保所有人都清楚地知道过去、现在和未来可能发生的情况。

如果企业认为危机已经平息，没有继续蔓延或扩大的趋势，那么这可能也是一个标志，表明企业可以开始考虑进入复苏阶段。正如之前所言，不要急于推动应对措施进入复苏阶段，因为一旦被迫退回危机应对阶段可能会带来潜在的损害。与之类似，合理的做法是：如果情况仍可能恶化或扩大，就需谨慎行事，推迟进入危机复苏的行动。

企业能否恢复正常的运营活动？

在危机应对期间，企业的日常业务受到影响，业务相关的资源会被转移用于危机应对，这可能会影响正常的运营。危机对企业运营的影响可能很小，也可能很大，以致严重阻碍到产品生产或相关服务的提供。但无论是哪种情况，都通常意味着业务活动被消减。如果企业能够恢复危机前的运营水平，产出比、销售数据和投资机会都保持不变，那么可能就是时候讨论迈入复苏阶段的相关事宜了。同样，如果企业仍有大量资源分配给危机应对，就不太可能做好复苏准备。

参与危机应对的员工人数是否正在缩减？

处理危机并参与应对的员工人数将在整个问题或事件过程中有所波动。如果将之绘制成图（图8-1），就能看到相关员工的人数数字会先从低位逐渐上升（因为人们刚意识到情况，并开始实施危机计划），这个状态会延续到需要大量的危机应对和相关行动时，数字会增长到最高点。然后，随着危机沟通计划的完成，处理该问题所需的员工人数将会逐渐减少。通常，只有企业的首席执行官和公关团队才会负责危机的善后工作，其他员工则会恢复正常工作。如果参与危机应对的员工人数开始缩减，应对措施也开始减少，那可能就需要讨论步入复苏阶段。但不要急于复苏，因为情况可能会随时发生变化，并以此将员工重新召回危机应对部门。参与危机应对员工人数的减少过程需要持续相当长的时间，这个时长在很大程度上取决于危机的存续时间。

人们是否开始展望未来而非还在处理当下状况？

如果企业各部门开始考虑如何建设未来，那么企业就可能正在走向复苏。人们在处理危机时会深深陷入当下各种状况，甚至无暇抬头前瞻，无法考虑下一步会怎样。这仿佛是埋头于日复一日的生活和能够考虑3~5年计划这两种情况的区

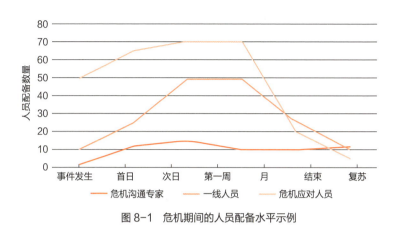

图 8-1 危机期间的人员配备水平示例

别。当企业已经投身于日常运营并考虑相对长远的未来时，很可能就已经做好了转向复苏的准备。但是，请记住不能仅依赖这个单一因素就做出判断，因为人们可能会争先恐后地继续前进，以便尽量远离危机。因此，只能将这个因素视为即将迈向复苏的指标之一。

公众对此事件或事故的情绪如何？

这是何时能够从危机应对转向复苏阶段的关键指标。如果那些受危机影响的人以及他们身边的人还在忙于应付危机造成的影响，或者由于危机规模太大以至于受到危机影响的人还心有余悸，那么这就可能是尚未准备好进入复苏阶段的标志。如

果企业推进过快，就很可能会被指责麻木不仁，对危机所带来的影响缺乏真正的理解。之前提到的"深海浩劫"案例中，英国石油公司及其首席执行官托尼·海沃德（Tony Hayward）在危机应对中的做法及发表的声明就是典型的例子。企业对与公众谈论问题或事件的内容和语气都要保持高度敏感。因为，这将意味着该企业很清楚此刻大家的观点，并能在真正掌控相关信息的基础上做出危机应对。正如我们之前提到的，在危机的整个生命周期内进行监测都至关重要。对受危机影响的人和利益相关者的监测和来自他们的反馈会对决定何时迈向复苏很有帮助。

即使企业已经能够在掌握相关信息的基础上肯定地回答以上全部问题，仍然需要在正式宣布复苏之前留下更多时间。没有一个简单公式可以得出正确决策，但是企业要参考所有可获得的社群关系和关键利益相关者的意见，了解他们对于何时迈向复苏的建议，这些意见很值得借鉴，会对企业有所帮助。同样重要的是，要与危机期间的企业发言人讨论这个问题——他们需要确保这一刻是否是帮助企业继续前进的合适时机。如果他们判断失误，就将给危机沟通应对平添额外的工作，企业也必须花更多精力减少因为忽视实际情况而盲目前进所造成的损害。

针对危机后的复苏开展培训

一旦最初的危机得到控制，企业内部人士对围绕危机所发生事情的兴趣可能就会明显减少，他们将会恢复正常的运营工作，这可能会使该企业难以将重点继续放在有效的危机应对上，对迈向复苏造成影响，这也可能意味着危机沟通专家将是唯一在这个时候仍然高度专注处理事件的工作人员。克服这个问题的一个重要方法就是在危机沟通计划中设立复苏阶段，并在演习和培训中进行测试。首先，要回顾这些计划及其在危机最后阶段的意义。确保从第一次警报到重建正常状态的过程中，企业运营的危机沟通计划一直都在运行。

如果该计划正在企业内测试，则应在其中设置一些问题来测试相关人员对复苏阶段的理解。如果时间允许，企业应当安排单独的培训课程或演习以讨论转向复苏的决策过程，检查系统是否到位以支持有效管控。例如，由谁做出决定，如何做出决定，应该提供哪些信息帮助相关人员做出正确决定。企业应避免因为没有做好复苏阶段计划而令公众丧失对自己的信心。同样，如果无法调用企业内部员工进行测试，不妨考虑引入一些专家来提供帮助和建议，从而针对复苏计划进行压力测试。这些测试必须包括危机沟通计划，因为有时在复苏阶段需

要增加危机沟通人员，而这一点需要在对复苏计划进行测试时
才能最终确定。

所有参与危机应对阶段的人员都需要了解复苏的具体情
形，会有怎样的感觉，以及计划阶段提出的危机情境的关键所
在，观察这些将有助于明确危机会如何结束。在制订危机应
对计划期间就应考虑当局势获得有效管控之前可能会发生什
么。例如，当互联网技术出现故障，我们就要知道必须重启系
统并再次运行，还必须清楚哪些人会受到影响以及受到什么影
响，然后才能考虑进入复苏阶段。重要的是相关人员要了解指
向复苏的细微差别和微弱迹象，而不是仅凭感到业务已经恢
复如常就决定进入复苏阶段。企业需要投入时间制订复苏计
划，从而改变危机刚发生时的被动状态，这一点对于有效的危
机管理来说也很重要。

复苏的重点

声誉、信任和信心，这三个关键因素是危机沟通在复苏阶
段的重点。一旦危机得到某种形式的控制，这三个因素就将成
为开展危机沟通活动的核心。声誉永远不能作为危机沟通的唯

一目标，因为这样可能会使危机沟通的相关人员做出糟糕的决策。在危机应对期间，企业应该根据遭受不利影响的人的具体情况，做出对他们最有利的选择，这是公众评判企业危机应对是否成功的最重要因素。请记住第6章中关于为受害者和受影响者提供支持的详细内容。如果企业能够表现出对相关人员的同理心和真诚的关怀，自然就会积极重建企业声誉。因此，在考虑复苏阶段危机沟通的要素时，重建声誉是一个重要部分，但也只是一部分而非全部。

信任和信心是鼓励人们积极看待企业声誉的关键基石。人们需要感到整个危机沟通的诚实、可信和真实。在整个危机应对期间，如果人们丧失了信任或信任遭到考验，企业需要确保能对此有所觉察，进而考虑如何在问题或事件发生后重建信任。产品用户和服务顾客都必须对企业有信心，既信任企业的危机处理举措，也信任企业能够度过危机，这本身也是对企业危机沟通的真实性充满信心。想要实现所有这一切，企业就应实施到目前为止我们讨论过的危机沟通应对的各部分工作。但是，如果某部分的沟通工作完成欠佳，情况也并不会失控，关键在于要在整个危机应对过程中吸取一切教训，并且建立一个强有力的复苏计划。这或许会需要企业做出某些补偿或道歉，需要明确的是，在危机应对过程中的任何时刻都可以就发

生之事致歉，当然在一开始就向相关人员致歉会更理想，在某些情况下，道歉也可以作为从危机应对到复苏整个过程的组成部分。

重要提示

建议制订复苏计划，以推进危机沟通阶段的工作进展。使用复苏计划，需要考虑在危机应对期间的哪些沟通工作还应继续进行，哪些工作可以结束，以及开展哪些新的工作。使用危机中的所有数据制订复苏计划，并且在复苏沟通计划、企业的运营计划和危机沟通战略之间建立联系。

当无法恢复正常时

所谓"恢复正常"是不太可能的。无论发生什么状况，或者一直在处理的危机，有时它们将永远与企业的业务联系在一起。自从网络社交媒体出现以来，就更可能发生这种情况，因为每个问题都会在网上留下不可擦除的数字印迹。重要的是，企业要能善于使用信息并从危机中吸取的教训来重新定义和设立运营目标和计划，本章的案例研究会就此进行回顾。

对于那些一直在处理这种情况的人们来说，重要的是习惯随时为企业定义所谓的"新常态"，了解状况并解决问题，这将会帮助那些在心理上或情感上受到事件影响的人，让他们能够看到这些事件能让企业更好地运转。

在某些情况下，危机规模如此之大，以至于会改变整个或部分社会的运作方式。例如，2001年9月11日发生在美国的恐怖袭击令人难以置信，这也永远改变了社会的诸多方面。针对航空旅行的工作出现了很多新方式，相关政治和外交政策也有了新的关注点，甚至连人们的世界观都发生了变化。尽管那次危机的规模是任何人都没有预料到的，但正如我们讨论的那样，在这种危机或其他任何危机之后，企业的工作和运营方式都需要修改。如果企业不能从这种具体情境中学习，就无法建立信任和信心，最终也就无法重建企业声誉。假设一家提供财务咨询的小型企业不小心泄露了客户数据，那在这次危机之后，该企业就必须从根本上改变存储和管理数据的方式，这将成为企业运营的"新常态"，如果不做出改变，就会严重影响企业的声誉。

长期复苏的 4R

企业运营的长期复苏需要具备4R要素：评估、重建、资源获取和重获认可。在危机发生之后，想要推动运营向前发展，就需要进行强有力的沟通，而这4R就是必需的。

评估（Review）

使用在危机应对阶段获得的数据及对本次危机的理解来评估应对措施的有效性，以及企业目前的声誉状况。利用某种声誉跟踪方法（图8-2）来评估竞争对手并确认其立场。在之后创建长期的危机沟通计划并据此确定复苏过程所需行动时，以上所有这些信息都会发挥至关重要的作用。只有了解应对措施的具体影响，才能在未来的沟通活动中有的放矢。

重建（Rebuild）

前面评估部分获得的数据将为复苏计划提供所需的信息，但还需评估所有悬而未决的问题或其他可能影响声誉的因素。例如，首席执行官可能因为一些不相关的问题而被置于聚光灯下，在制订复苏计划时就需要了解这点。考虑客户或服务用户时，企业需要清楚自己要克服的问题和需要认识到的问

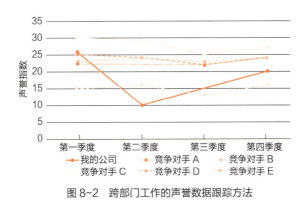

图 8-2　跨部门工作的声誉数据跟踪方法

题。即使在危机发生之后，这一切还会是一样的吗？企业是否需要根据过往事件在价值观、原则或优先事项上做出某些调整？

资源获取（Resources）

对于危机沟通专家来说，最具挑战的就是获取资源来应对危机。危机沟通专家需要带领团队处理危机所带来的影响，并继续善后工作。正如前面所讨论的，危机沟通需要快速反应，这就要求人们接受培训并做好准备。危机沟通团队所需人员可能来自运营的其他领域，也可能来自外包公司。所有这些人力资源的使用都会受到限制，因为他们可能被原部门要求回归，或者因为来自外包公司而需要额外预算。危机沟通团队很可能

245

最终处于这种境地：需要同时处理危机所带来的后果，关注复苏阶段，并恢复正常的沟通活动，而所有这些都必须由和危机发生前相同数量的工作人员完成，这显然很困难。因此，危机沟通专家需要评估所需的危机沟通人员数量，并准备好未来几周、几个月所需额外人员的详细情况。除了人员配备方面，如果缺乏声誉跟踪系统，危机沟通专家就需要申请资金来创建该系统，从而了解应对措施对重建声誉的影响。

重获认可（Re-establish）

复苏阶段的工作重点应该放在品牌、企业的重建上。这需要危机沟通团队与首席执行官和高管团队密切合作，以支持对业务目标、政策和流程进行审查，并确保从危机中识别出的问题得以妥善考虑。危机沟通团队要审查组织的沟通战略，保留那些必要内容，并根据对具体情境的学习和经验对其做出改善。这也需要利益相关者的投入，他们将成为复苏道路上的重要伙伴，并就前方路途提供建议。如果已经建立对受害者的支持，那么，若有可能，最好邀请他们参与到企业未来的业务发展计划中。在这个阶段，那些更成熟和先进的企业或许能找到一种方式邀请客户或服务用户参与进来。关键是在社会中重建企业的形象和声誉，确保企业不会因为危机而被孤立或边缘化。但是，企业也需要注意，不能将重建运营仅看成声誉管理，因为那只会让企业只做些表面功夫，而不能带来实质上的变化，这就导致企业在继续前进时缺乏坚实的基础。

汇报和评估

第1章中在概述所有危机之前所需的工作时，有个要点就是学习和培训。危机结束也是如此，学习和培训能确保企业充分地总结经验。企业必须清楚，如果已经减轻了未来再次发生类似情况的全部风险，就应通过结构化的汇报和评估系统来完成这个过程。汇报工作分为两个阶段：第一个是在事件结束后一周左右完成，需要回顾哪些工作做得很好，而哪些是可以改进的，并且审视收到的所有反馈。危机应对中所涉及的每个区域或部门都应开展汇报工作，以此为基础形成下一阶段的正式汇报。

第二个阶段更为详细。建议引入一名协调员来举办一次为期半天或一天的正式汇报会议。此处会议需要负责危机应对的主要领导参与。可以选择一位以前担任过类似协调角色的人员，确保能在有限时间里获得最大回报。正式汇报时，参与人将详细审查已进行的每一次快速报告中可能存在的问题，并确

定危机后和复苏后应开展的具体工作。这项工作在复苏期间就可以开展，但不应在危机阶段结束后过快地开展。这项工作的目的是确保危机沟通计划（包括危机沟通战略和后果管理计划）能够得到更新和完善。

一旦完成汇报工作，企业就应做出评估，以跟踪行动进展。公众、受影响的人、利益相关者或股东可能都想知道这些信息，以评估企业是否已经吸取教训，以及业务发展的现状如何。但是，需要铭记，要避免在沟通中使用"我们已经吸取教训"之类的说法，因为这种说法已被滥用且没有意义，会显得既不可靠也不诚实。

汇报和评估事后应对行动的进展可以与现有的风险管理流程联系起来，也可以单独运行，并向首席执行官或高管团队报告。危机是对现有计划的现实考验，总会有些方面需要改进，需要确保投入时间和资源去总结经验教训，并确保充分运用这些经验来加强业务流程、风险管理和危机准备的工作。危机将是企业面临的重大挑战，而管控危机也会为未来复苏和重建带来全面的学习机会。不要误认为评估和发展危机应对就表示企业所采取的行动存在错误或疏漏，这项工作的意图在于确保企业能够进一步提升和发展。

案例
研究

奥尔顿塔主题公园

2015年6月2日，英国斯塔福德郡奥尔顿塔（Alton Towers）主题公园的"微笑者"过山车发生了一起事故。一节满载游客的车厢与一节静止不动的车厢相撞，造成11人入院治疗，其中5人伤势严重，最严重的两个人在碰撞事件发生数周内需要进行部分截肢。

作为奥尔顿塔的所有者，梅林公司的首席执行官迅速果断做出回应。媒体很快就对此进行采访，采访中该公司做出了道歉，重点表达了对受害者的同情，并认识到危机仍在进行中，应避免采取投机的应对策略。进行调查期间，该公司迅速做出关闭主题公园的决定。直到大约10个月后，游乐设施才重新开放。

在事件发生时，除了接受采访，该公司网站的主页也进行了更改，其脸书页面也进行了更新以及时提供信息。该公司还避免了任何反对健康和安全起诉的企图，并采取行动向受害者寻求和解。

经验学习

　　这种做法是明确和果断的，表明他们在事件发生时已经掌控了局势，并与紧急服务机构开展合作。当时的首席执行官尼克·瓦尼（Nick Varney）在所有媒体采访中都能亲自出面，始终将关注点放在受害者身上。他的言论聚焦于对那些受危机影响者的同情，而不是公司的任何声誉问题。在一次媒体采访中，当被问及事故对公司股价的影响时，他明确表示事件发生后公司并没有把注意力放在股价上。这种性质、规模的危机总是需要一段时间才能复苏。该公司管理层似乎意识到企业需要接受短期的财务和声誉影响，但通过谨慎的管理和适当的决策，他们终将复苏元气。从数据上看来，游客数量从2014年的258万人减少到2015年和2016年的200万人以下。而到了2018年，游客就增加到210万人，显示出向危机发生之前的回升趋势。

学习
要点

　　① 遵循本书前几章的指导。关注受害者，建立危机应对机制，迅速行动，并把这些行动展现给公众。

② 记住，危机后复苏的时间取决于危机的性质和规模，所以不要仓促行事。

③ 在把危机应对明显向前推进之前需要时间；在奥尔顿塔游乐场案例中，重新开放主题公园必须谨慎行事。

④ 为了确保业务的长期发展，可能需要接受对利润或股价的短期影响。

⑤ 根据公众对企业所采取立场的接受程度来确定未来的优先事项。

本章小结

应对危机对企业来说具有最高优先级，当局势得到控制时企业就会发现进入复苏阶段的迹象，但请不要急于进入这个阶段，因为可能还需要一些时间才能清晰觉察到继续前进的信号。决定何时进入复苏阶段是一项关键决策，需要仔细考虑和讨论。最重要的是，时刻牢记关注受危机影响的人以及危机及其后果对相关人群情绪的影响。

企业需要就危机沟通计划的所有方面进行培训，也包括处

理危机后复苏的问题。危机沟通计划是一个经常被忽视的内容，但却必须进行，因为它有利于企业在危机发生的最初几个小时做出应对准备。企业需要确保在培训和计划演习时就把重点放在决定何时进入复苏阶段以及理解这对运营的实际意义上。复苏阶段可能比危机应对期间的任何其他阶段都更加复杂，所需的要求也更高。

声誉、信任和信心是复苏阶段沟通的核心。如果在最初阶段实施了有效的危机沟通计划，企业就可以在整个复苏阶段以此为基础继续前进。相关的危机沟通战略需要包含一个危机后的复苏计划。如果出于种种原因，事态发展不尽如人意，就请在深入理解复苏各部分工作上投入更多的精力，或许还能扭转乾坤。

有些已经发生的情况可能对企业构成挑战，可能会从根本上改变企业的运营方式，企业要为这种情况做好准备，必要时重新设计企业的一部分业务及其运营方式。这并不可怕，重在积极以对，做得好反而有可能提升企业的业务能力。

最后，请铭记危机后复苏阶段的4R要素：评估、重建、资源获取和重获认可。所有这些方面都要把重点放在危机沟通战略最后阶段所需的各项工作上。之后就是汇报、评估和学习，这正是一个健康的组织正在建设未来的标志。

第 9 章

接下来会怎样?

　　处理危机可能会令人灰心丧气，你很希望将之抛诸脑后，最好它从未发生过。但如果危机真的到来，你就需要做好应对准备。对于危机沟通专家来说，应对危机是必备的技能和需要掌握的知识；作为企业的领导者，你有责任确保企业对度过危机各个阶段都已做好充分准备。现在就着手准备，才能让企业处在优势地位，才可以更及时地发现危机并迅速应对，从而带领企业度过危机。

　　危机管理的关键在于循序渐进地准备并妥善处理，想要一鼓作气落实本书里的全部内容是不现实的。为了制定合适的危机应对战略，企业要逐项开展各部分的工作，每次只需完成一步即可。企业可以为记录工作进展设置路标，持续激励自己做好危机应对的准备工作。路标应该针对整个企业设置，而不仅是针对危机沟通团队。然而危机沟通专家的确可以在开发路标和追踪进展的过程中扮演关键角色。完善危机管理体系并将其嵌入企业文化，这需要一定的时间。每次完成一些工作，并且在企业文化中体现危机管理的态度和行动，这样做的效果更好。企业需要投入时间，使自己更强大并且更具复原力。

　　之前章节就危机处理流程、计划和程序已有很多讨论，这些的确很重要。事实上，这些关键要素能够让危机沟通专家对最初情况有可能演变为一次全面爆发的危机有所准备。但比起这些事来说，更重要的是要具备成功应对危机的能力，从而在对待那些受危机影响者时能够保持恰当、敏感和专业的态度。无论是已经在为应对危机工作的企业员工，还是那些受危机影响最严重的人，企业如何对待他们，都是事关危机管理成败的一个最重要的因素。

传统的危机沟通方式对流程和声誉均已有充分的重视，但如果只是从保护企业的单一视角出发制定战略，就会以忽视受危机影响者为代价。企业应该拓宽视野，考虑从卷入危机的"人"的视角出发。这一点在很多危机情境下和本书提及案例中都有所体现，这一事实不容忽视：一切沟通就其根本而言都是关于"人"和"对话"，危机沟通也并无二致。"人"才是沟通信息的接收者，而且人们也很可能陷入危机。改变对危机沟通及其目标的思考方式，将会有助于建立一种更加有效的战略和方法。作为危机沟通专家，你需要考虑危机沟通对自己、从事沟通工作的同事们、企业高管以及整个企业来说到底意味着什么。如果你能在问题出现之前就了解他们的观念和视角，那么你就会很清楚还需要开展很多工作，才能从声誉管理的视角转向"以人为本"的应对方式。

本书通篇都设有学习要点、重点提示和案例研究，帮助读者了解如何准备应对危机、管理危机并从中复苏。如果你在这个时

期恰好正在为开发危机沟通战略和计划而努力，那正好可以尝试采用本书的核心观点并将其落实到位。即便还没能开发出一个全面的应对计划，也可以列出最基本的应对纲领。不过，我还是建议尽快制定危机沟通战略。你要安排时间做这件事，充分获取支持，以便制定并修正该战略，还需要详细讨论要进行的准备工作。

合上本书，即刻开始评估所需的准备工作，无论你是在哪里工作和为谁效力。一次危机可能在今晚、明天或数日之内到来，而你需要早做准备。这个世界不会给危机沟通第二次机会。想要临危不惧、沉着应对，你就要提前计划周全，准备充分，包括对计划进行测试。下面会更多地探讨如何保持临战状态。

危机沟通的 5P

你可以利用5P来帮助自己记住如何开发危机沟通战略。

- 人员（People）
- 计划（Plan）
- 准备（Prepare）
- 流程（Process）
- 意图（Purpose）

人员

将受危机影响者放在心上，这能促使危机沟通从基础阶段进阶到有效阶段。绝大多数危机沟通计划和系统在开发时都未能充分考虑危机应对一线员工的需要，以及卷入危机的"人"的需要。企业的顾客和服务使用者，以及严重危机的受害者及其家人，都应当作为危机应对的核心予以考虑。绝不能低估"人"的需要，重视这点将会让身陷危机中的人们和整个企业都能获益。

让员工参与应对危机是最基本的要求，员工理应从供职企业了解发生的情况，而不是从其他渠道。适当的内部沟通和所有针对外部媒体的工作同等重要，甚至更加重要。企业要充分考虑如何进行内部沟通，这部分工作需要和外部沟通活动同时开展，比如在发布叙事、关键信息和时间安排的时刻。内部沟通失败可能会导致员工及其亲友通过社交媒体随意发表评论。在考虑员工所需的福利支持时，和内部员工沟通也会很有帮助。企业需要考虑能够提供哪些福利、福祉，并确认如何用它们来帮助那些深受危机应对工作影响的员工。

有关心理健康和员工福祉的内容，在沟通和公关部分已经有所涉及。我们需要了解，日复一日的公关工作会令从业者深陷巨大的职业压力，而且这种压力将会在危机来临时变本加

危机沟通
危机下的管理、应对与复原力构建

厉。因此，重要的是要承认公关人员重担在肩并为他们提供支持，不仅支持那些直接受危机影响的员工，也支持那些有可能间接受影响的员工。相比其他部门，危机沟通专家对危机的影响会有更深刻的体会，他们必须全面清晰地了解所发生的一切，必然也就会接收到更加复杂、艰难和恼人的信息。"不够好也很好"的短语还会经常用到，因为事实如此，但我们绝不能漠视人们所遭受的痛苦，而是要提供帮助和支持。福祉管理将会惠及员工、团队和更大范围内的企业。

多年以来，企业采用的危机应对方式通常都未能考虑到危机给那些深受其害的人带来的影响——我们称为"受害者"。我们在第8章中曾经提到对梅林公司首席执行官危机应对方式的观察，发现他在应对危机过程中很重要的一点就是彰显"人性"。无论是运营危机还是声誉危机，公众最关心的都是深陷危机的人们如何得到支持。优先考虑这一点并不只是因为这样做会更有效果——之所以要这样做，只是因为要做"正确的事"。表达对受危机影响者的深切关心，同时又不是对所有责任都大包大揽，这点也很重要。在危机应对过程中，只要涉及"人"的工作，真诚始终是根本，这并不是仅仅说些客套话，而是要满怀诚意，努力理解深陷危机的人们。

最后，企业需要充分考虑利益相关者，即在后果管理中发现的这些重要群组，以及在评估危机影响时发现的相关人士。铭记"涟漪效应"，重点在于确认需要联系谁、怎么联系以及何时联系。企业应找出那些受危机影响最深的人，面向他们开展工作，尽量谨慎周全地考虑到所有受到危机影响的人；明确这些人获得信息更新的具体方式，以及由谁负责向他们传递最新信息。在整个危机期间包括进入复苏阶段，他们都应该能够通过开放的沟通热线与企业取得联系。这些做法可以帮助管控危机的影响，并确保信息传递的一致性。正如第6章所言，这些工作需要很多资源，进行充分准备，企业应当在制订危机计划的过程中涉及这些工作。

企业自始至终需要为受危机波及的人提供支持，包括在复苏阶段，而且需要继续通过支持来陪伴人们度过那些"扳机点"。针对受危机影响的人，企业需要充分考虑他们的今天、明天和未来一段时期，持续予以支持。在英国石油公司和奥尔顿塔的案例中，管理者应当充分意识到：关键日期和相关议题很可能将他们再次带到聚光灯下，再次应对危机事件。

计划

制订合适的危机沟通计划很关键，计划需要完善，并在企业内宣布。不同企业的议题、文化和背景各异，因此当你向其

他企业或组织学习时，需要留意所学内容在自己所在企业的适用性。你必须充分考虑企业特点，并且将危机沟通计划和现有的风险管理系统相结合。之前曾提及危机应对对速度有很高的要求，这会构成一个巨大的挑战，企业需要迅速落实计划，才能落于不败之地。请你铭记：始终要让企业被公众视为是在积极处理情况，这是基本行动，也需要体现在公共叙事中。想要应对有效，就绝不能表现消极。

　　第1章曾经讨论过危机沟通战略的构成和实现方法，以及如何将危机沟通和应对计划相结合。你需要花时间了解企业日常运营和应对的方式。若你无法制订出适当的计划，不妨从本书的建议中汲取营养，以便制定出合适的危机沟通战略。而且你需要持续完善现有战略和计划，要在企业内共享计划，让全体人员知晓战略和计划的内容及实现方式。只有执行者到位，执行者对计划的理解到位，才算是准备好了真正的有效的战略和计划。你要针对计划进行培训，支持计划的开展，就计划进行充分的沟通，通过这些工作才能将计划嵌入企业的日常运营之中。鉴于企业一直都在变化，员工总会流动，你有必要开展适当的培训、教育计划，比如在一年中的关键时点提供培训，或者在员工职业生涯的关键阶段，如员工刚入职或是晋升时，为他们提供培训。

开发方便适用的核查清单，帮助企业员工明确所要采取的行动，节省宝贵时间。把核查清单纳入计划或单独列出，配合计划使用。涉及核查清单中的角色，相关人士需要备份清单以便随时参考。最基本的工作就是备有一份应对计划和相关的支持性文件，以便危机沟通专家和非危机沟通专家在危机发生时能随时取用。当企业外部的危机沟通专家来支援应对危机时，你也需要提供简明的指导性文件以规范他们将采取的行动。所有计划和文件都要整理汇总，归档为危机沟通的战略和方法。

准备

就危机应对而言，写好计划并不等于做好准备。计划本身是关于在危机管理时如何有效沟通的理论分析，但它只是讲了一半的故事，还需要你对计划进行检查、分析和评估，重中之重就是让计划通过测试。恰恰是通过实际演习来测试计划，才能将理论性的计划转变为更有可操作性的实践计划，从而让企业准备充分，更有信心。制订计划之后需要设计框架来提供支持，不要对计划照本宣科，而是在真正使用它时不断重建，让它更加强大和完善。在准备危机管理时，第二阶段是提供培训。所有参与者都要接受培训，参加测试和演习，或者学习

某项独立的培训课程。可能的话，接受培训应该纳入职位描述，同时作为职业生涯持续发展的组成部分，尤其是针对领导者岗位，特别是该岗位很有可能会负责某个危机应对模块的情况下。你可以邀请曾经历过危机的人为企业分享他们的所学和经验，这也是一种很好的培训方式。这些"过来人"会分享他们的真实体验，还可以针对评估计划给出详细建议。考虑从企业外部引入危机管理专家以满足培训需要。危机管理和危机沟通领域的顾问能够提供很多专业技能和经验，从而帮助企业开展针对领导者的应激测试，他们还能提供针对发言人的培训支持，协助企业取得进展。这些工作都很重要，因为企业的目标就是制订一份可供实施的计划，提供坚实可靠的应对，并让这些准备工作能在危机真正到来时充分发挥作用。

企业首席执行官或领导者需要承担危机应对工作的一个关键角色，即应对媒体访问并负责和员工沟通。他们在危机开始阶段可能并没有接受访问，但迟早需要承担起企业领导者的职责。首席执行官和高管团队或许会认为自己已经准备就绪，不再需要额外帮助，但事实上每个人都依然会从额外的培训和支持中获益。因此危机沟通专家需要充分利用自身的影响力技巧，鼓励首席执行官和高管亲身参与危机应对和危机沟通方面的培训。通常来说，领导者见多识广难免傲慢，但实际上很多危机对所有人来说可能都是前所未见的。领导者接受培训，这本身就会被视为一种积极信号，会促使员工感觉确实要花时间投入开发和准备危机应对的计划和方法。毕竟，领导者需要以身作则，并且有责任确保企业从上到下将应对工作准备就绪。

流程

设立适合的组织结构很重要，其重要性超过危机沟通计划中列出的个人角色和责任。第3章曾深入讨论有些组织需要更加规律地应对危机，包括如何管理危机、开展沟通以及这些活动的具体组织方式。请记住这种应对组织结构的重点不是直接反映企业的日常运营流程，而是需要考虑在特殊情况下应采用何种应对结构。企业需要让人们了解计划的内容和实施方式，然后通过适合的结构来实现危机管理和复苏。最成功的情况是：企业的组织结构既适合日常运营，还能在危机到来时支持组织迅速应对。

企业在危机发生前就需要开发流程。企业内部需要针对风险设置清晰的管理方式。企业需要了解风险的必然性和具体会面临哪些风险，并定期更新相关信息。每个人都有责任发现风险的信号并及时让高管意识到风险的存在。风险管理流程是危机管理工作的"排头兵"，如果缺位就很难预设情境并开发适当的测

试程序。投入时间设置风险评估和管理流程，有助于企业在危机发生早期就能有所警觉并降低危机所产生的影响。风险管理流程甚至还能避免危机发生，如果可以在早期就采取平复危机的措施，把问题的影响控制在一定范围之内，那么企业便可以充分掌控局势。

如果你觉得流程开发并非危机沟通团队的职责，这种想法也没有错。危机沟通团队很难依靠自己完成这些工作，但他们的确能够在企业应对一切危机的过程中扮演起"催化剂"的关键角色。例如，他们可以提出富有挑战性的问题，可以建议领导层指挥员工采取必要行动，可以发现企业到底是在哪个环节出现纰漏。危机沟通团队还能提供额外支持，比如，向他人学习以及邀请其他企业的人士参与危机流程的开发，从而为本企业提供帮助。并且，针对沟通工作开发风险管理流程的确属于沟通领导的职责范围，危机沟通专家需要有能力发现潜在危机和重要事件，分享他们的关注重点，以便企业能够及时采取减缓危机的措施。这需要在危机沟通团队中设置风险管理系统。

意图

就危机沟通而言，一种体现诚实和真诚的方式就是始终铭记企业的使命和价值。所谓使命，就是企业的立身之本，即要做些什么事、提供什么价值和制造什么产品。如果企业违背初心，很快就会被公众发现，并对危机应对造成不利影响。在应对危机的过程中，无论是对领导者、企业发言人，还是对企业本身而言，都需铭记始终保持真诚。最忌讳的就是企业表现出一副漏洞百出并不受监督的公众形象，企业应将自己的使命和哲学融入实施危机沟通5P的过程中。

企业需要清楚了解当前采用的计划和流程对于人们来说到底意味着什么，同时也需要特别留意企业使命和哲学需要做出哪些发展和调整，特别是充分考虑到应对危机的需要以及已获得的反馈信息。要想有效地从危机后的复苏中学习，对危机应对进行回顾评估也很重要，企业要在为一次危机"盖棺论定"时保持开放的态度，充分做足自我反思的功课。

就企业的外部沟通和内部沟通而言，5P维度至关重要。外部沟通包括各种社交媒体沟通和直接面向社区的沟通。在危机出现时，企业始终需要优先考虑内部沟通，特别需要和负责福祉、福利支持的员工一道工作，同时也需要在危机沟通计划中充分考虑利益相关者，确保他们可以从企业这边获知有关危机的一手信息。利益相关者也会支持企业共创双赢关系。在危机发生之前就应当和利益相关者建立强大的关系，这种关系需要持续经营直到复苏，并且在危机结束后继续保持。如果企业

能确保有效沟通，这对企业而言就会是很有利的商业元素，它能够极大地帮助企业减轻危机应对压力。

时刻准备着

简言之，企业应该优先安排针对危机或关键事件的准备工作，让自身处于最佳的准备状态。企业运营计划要强调确保针对各种危机或关键问题的准备工作时刻就绪，需要重视制订危机应对计划并提供相关培训。应对危机应当成为企业的基因，只有企业流程可以确保企业有效管理一切危机。组织流程到位，就能有效进行危机沟通，倘若流程缺位，就需尽快设置。

首席执行官和高管需要明确危机沟通的益处，清楚准备工作缺位可能带来的风险，这是工作起点。两手都要抓，一方面是积极准备应对危机，另一方面是仔细观察对某些企业来说应对失利会出现的情况。从本书提供的一些案例中可以看到危机应对失利可能造成企业财富和声誉这两个方面的损害。如果应对成功，企业的前途就会一片光明，而如果表现糟糕，就可能造成股价下跌或产品销量下滑。

要针对危机沟通和危机应对进行充分讨论，明确企业需要重视的方面，无论是基本的财务状况、利益相关者的视角，还是顾客满意度等。无论企业的价值是财富、声誉还是消费者满意度，如果你很清楚企业价值和成功标准，就能勾勒出对话框架，确保有效的危机沟通给企业带来收益。

自下而上

准备应对危机，需要从最基本的工作内容开始，逐步取得进展。如果你是危机沟通新手，请不要期待罗马在一夜间建成。你应从打好基础开始，比如撰写一份危机沟通计划，也可以在进步过程中设置一些里程碑作为标记。之前曾提到，这些可以充当路标。在企业制定危机沟通战略和方法的过程中，每一位组织成员都需要找到合适的切入点。

当其他企业或组织发生危机时，你需要花时间评估他们所开展的沟通活动，看看那些企业或组织的所言所行，思考他们如何通过社交媒体回应公众质询，回顾他们在企业或组织网站上发布的信息，考量首席执行官在接受媒体访问的表现。你应观察他们应对危机的速度，接受访问时的措辞，以及在社交媒

体和其他渠道发布的公共叙事。所有这些做法能够帮助你辨别良好的危机应对方式，看到那些应对迟缓或无效的情况。

不要害怕求助。很少有危机沟通专家具备直接参与管理真实危机的经验，只有主动赢得支持，才能充分借鉴前人的知识和经验。在世界范围内有很多危机沟通会议和工作坊，它们能够帮助企业深刻理解要如何应对多种危机情况。同时，也有很多危机沟通咨询领域的专家，能够帮助企业制订危机沟通计划，实施危机演习和培训，并协助企业迈向复苏之路。或许，你还可以与其他企业组织展开对话，了解他们制订的计划，寻求获得支持的机会，从而完善自己的危机沟通计划。

但请铭记，企业获取的所有这些知识和经验都不能简单等同于有效的危机沟通，必须考虑当前的具体情况、企业特点和自身使命，以及在平时采用的沟通方式，如此才能实施适合企业自身的危机沟通方法。所有这些因素都会对危机沟通造成影响。作为危机沟通人员，你要有自己的计划，以及针对你所服务的企业的计划。现在你需要确定着手准备的具体时间，写入工作日志，以便尽快开始思考和评估当前情况，确认需要开展哪些工作，并且找到差距，设法弥补。

即刻启程

最终，你需要做的就是5件事，在忘记本书的具体内容和继续日常工作之前，现在就行动起来：

（1）确保了解企业的危机沟通计划和危机沟通战略，掌握最新内容。

（2）运用书中的学习要点和重要提示，结合现实情况进行评估，以便发现可供改进之处。

（3）评估可能面临的风险，申请查阅企业的风险管理计划，包括所有测试和演习的管理办法。

（4）考虑引入哪些培训或寻求哪些支持，以支持危机沟通计划的制订。

（5）即刻着手准备，重视危机沟通，因为危机随时会来。

本章小结

危机发生之际再去制订一份可行的危机沟通计划，这种感觉会让人崩溃。因此，你需要投入时间提前通盘考虑，深刻理解现有的系统和流程。如果你所在的企业现在备有一份危机沟

通计划，就要考虑做出更新，以便提升应对效果。你不妨将对现有计划的评估作为工作起点，尤其关注那些可能会对沟通应对造成影响的部分。这些计划是否提到了遭受危机波及的人士？如果它们并不是围绕受危机影响的公众和员工来设计，就需要立刻彻底重写。考虑计划时可从5个方面入手：人员、计划、准备、流程和意图。最需要考虑的总体原则就是：在修改或重写计划时，需要把受到危机影响的"人"放在心上。

你应设置路标支持企业稳步前进，逐步发展出有效的危机沟通战略。从你对危机沟通和企业的理解出发，对现有计划进行修订或重订。你要清楚自己要到达的里程碑，确保新计划或修订好的计划准备就绪，能够随时投入行动。你应思考如何就事态发展进行信息更新，可以将这一路标纳入企业年度计划和沟通目标。

一旦制订好新计划就要开始艰苦工作。你需要针对计划进行员工教育、培训和演习。邀请员工参与危机沟通计划的制订和测试过程，促使他们理解计划内容和相应工作。如果员工能够通过演习获得危机应对经验，那么他们就能更加明确当危机真正出现时要采取的具体行动。你可以进行更多的情境测试和演习，以便员工就所要采取的行动有更充分的准备。针对计划进行教育和沟通会很有帮助，但演习所能带来的真实经验帮助会更大。企业领导者和管理者必须明确自身在危机沟通应对中承担的角色。但也不能忽视针对一线员工的知情教育，因为他们会直接面对公众。你要为员工提供一份接触消费者的核查清单，在这些接触点上，他们需要负责管理和消费者的关系。这份清单很有价值，将会在你需要快速反应时提供帮助，并且能够提醒一线员工，帮助他们在面对公众时做到准确无误和有根有据。

最后，请充分吸取本书的知识、指导和建议，看看从此刻出发能够完成多少。但是，请不要停下学习的脚步，我们需要持续从发生的事情中学习。在危机出现时，请你仔细观察情况，评估沟通应对的准备工作，识别企业的优先处理事项，考虑由谁来充当企业发言人——他们的形象如何？需要说些什么话？其言行是否有助于公众建立对企业危机应对和企业本身的双重信心？最重要的一点就是铭记在准备应对危机的过程中，你不是一个人在战斗，可以主动寻求专家的帮助和建议。考虑你所在工作部门有谁可以帮助你，谁是有过危机应对经验并更懂得危机沟通有效方法的人。当你沿着目标前进时，必要时尽可以向他人求助，从而实现有效的危机沟通战略。